I0043294

Buda en los negocios

Buda en los negocios

Gane dinero... no sufrimiento

Respuestas del budismo para gente de negocios estresada

Oscar Berg

Dirección General: Marcelo Perazolo
Dirección de Contenidos: Ivana Basset
Diseño de cubierta: Daniela Ferrán

Está prohibida la reproducción total o parcial de este libro, su
tratamiento informático, la transmisión de cualquier forma o
de cualquier medio, ya sea electrónico, mecánico, por fotocopia,
registro u otros métodos, sin el permiso previo escrito de los
titulares del Copyright.

Primera edición en español - Impresión bajo demanda

© LibrosEnRed, 2007
Una marca registrada de Amertown International S.A.

ISBN: 978-1-59754-251-7

Para encargar más copias de este libro o conocer otros libros
de esta colección visite www.librosenred.com

*Dedico este libro a la gente de negocios
que sufre.*

ADVERTENCIA AL LECTOR

Este no es un manual para ayudarlo a ganar más dinero, o tener éxito en los negocios. No tiene nada que ver con el *Tao de los Negocios*, ni con otros títulos que hablan de cómo conquistar batallas de Mercado o de Directorios inspirados en las enseñanzas del *Tao, Sun Tzu* o de otros referentes similares. Tampoco es una obra para leer durante un fin de semana y aplicar sus consejos prácticos a partir del lunes siguiente.

Cuando empecé a interesarme en el budismo, recuerdo que acudí a una gran librería.

—¿Tiene usted conocimiento de algún escrito que relacione al budismo con los negocios? —le pregunté a uno de los vendedores.

—Disculpe, ¡pero me parece que son tópicos que no tienen nada que ver entre sí! —contestó con una sonrisa algo irónica.

Me hizo sentir un poco ridículo, como si le hubiera pedido algún tratado sobre "Puritanismo y pornografía".

Sin embargo, tiempo después, el hecho de saber que nadie había asociado los dos temas, me alentó a escribir este libro, para acercar las enseñanzas de Buda a la gente de negocios.

¿Por qué Buda? Porque acepto su sabiduría.

¿Por qué en los negocios? Porque allí es donde me tocó actuar, sufrir, ganar, perder y aprender.

El Autor

PREFACIO

"El secreto de la felicidad reside en afrontar el hecho de que este mundo es horrible, horrible, horrible".

Bertrand Russell

Usted sufre. Y mucho.

Aunque no se dé cuenta, eso es lo que le pasa: usted sufre casi constantemente. Ocurre que la vida es inseparable del sufrimiento. Las enseñanzas de Buda giran alrededor del sufrimiento, explican su causa y ofrecen un camino para remediarlo y alcanzar la felicidad.

Si el término *sufrimiento* le resulta grandilocuente, puede cambiarlo por *estrés* —que está más en boga—, por *depresión, angustia* o por *ansiedad*. Si la palabra *felicidad* le parece un poco genérica o vulgar, llámela *realización personal* o *paz interior*.

Pero, en esencia, es lo mismo.

¿Es factible ser especulador sin ser codicioso?

¿Es posible ganar en los negocios y no ser infeliz?

Me propuse explorar —en el mundo de quienes están en los negocios—, los sentimientos y emociones tales como la *ira*, la *codicia*, el *remordimiento*, la *culpa*, la *angustia*, la *depresión*, y analizarlos desde una mirada budista.

Reflexioné sobre los problemas existenciales de quien busca ganar dinero: también sobre las dificultades que yo mismo tuve que enfrentar cuando intenté trabajar como inversor bursátil, mientras la codicia me superaba, nublando mi criterio y haciéndome perder, y la diferencia con el momento actual, en el que busco un nuevo sentido para mi vida.

¿Acaso es compatible la filosofía budista del desapego, con la de evitar la codicia en la profesión de inversor bursátil?

¿Puede uno lograr convertirse en un empresario exitoso sin ser codicioso, o sólo los codiciosos ganan?

Soy un convencido de que ese sentimiento no lleva a buenos resultados. Se puede ganar dinero codiciosamente por algún tiempo; pero, finalmente, y aunque se lo conserve, todo termina mal.

Si me preguntaran para quién es este libro, diría que va dirigido a la gente de negocios que sufre, es desdichada y nunca alcanza la satisfacción.

Para quienes los logros dejan de tener valor ni bien los consiguen.

Para aquellos que sienten culpa en su trabajo, o a causa de él.

Para quienes no le encuentran sentido a su existencia, son conscientes de ello y no cesan en la búsqueda.

Para los dueños de empresas que, diariamente, toman decisiones y progresan, pero sienten que *algo* no anda bien.

También ofrece un mensaje para tres tipos de personas:

- Los que creen que serán felices si ganan mucho dinero.
- Los que han ganado mucho dinero, pero no son felices.
- Los que han ganado mucho dinero, son felices, pero temen dejar de serlo.

Este libro ayudará a los jóvenes que se inician en el mundo de los negocios a poner el tema del dinero en un lugar más equilibrado.

El dinero produce espejismos que confunden nuestro sentido de la vida y nos puede llevar a búsquedas por caminos irremediablemente errados. Lo dramático es que, para entender que el dinero no hace la felicidad, deberán primero conseguirlo; y, cuando lo consigan, habrán perdido buena parte de sus vidas en ello, sin alcanzar la felicidad.

Si, en cambio, no lo logran, se frustrarán y serán infelices creyendo, erróneamente, que la causa estuvo en no haber tenido dinero.

En esta obra encontrarán reflexiones que pueden ahorrarles mucho tiempo, y algunos desengaños.

Aquí surgen algunas preguntas trascendentes: ¿por qué es importante buscar riqueza material, si ella no me dará la felicidad?

Y, si el dinero es sólo un medio, ¿podemos evitar caer en la trampa de perseguirlo como un fin en sí mismo?

Más adelante, Buda nos responde a estas preguntas.

Capítulo I
Buda y yo

"Eres tu propio maestro. Labras tu propio futuro".

Buda

He tenido una larga e interesante vida en el mundo de los negocios.

Fui arquitecto, empresario de la construcción, socio mayoritario, socio minoritario, *venture capitalist, hedge fund manager*; gerente de una casa de cambios en medio de dos hiperinflaciones argentinas. Conocí *in situ* las hiperinflaciones de Brasil y Perú. Viajé por todo el mundo para estudiar inversiones, algunas brillantes y otras ruinosas. Estuve cercano a la bancarrota, como dueño en una y como socio inversor en otras. Hice inversiones en las que perdí el 100 % del capital y otras en las que lo multipliqué por veinte.

Conocí a banqueros y a poderosos hombres de negocios; algunos de ellos en la cúspide de su fortuna y soberbia, que luego, pocos meses después, caían arruinados de su pedestal. Personajes de tapa de revistas famosas que luego quebraron, y otros que siguieron y siguen enriqueciéndose.

Hubo días de *crash* bursátil en los que sufrí pérdidas de hasta un 50% de mi patrimonio en pocos días, y otros de alzas explosivas donde mi capital se multiplicó.

Conocí a empresarios preocupados por el medio ambiente y la pobreza, y a otros rapaces y egoístas. En el medio, alterné con casi todo lo que se puede encontrar en los negocios: *entrepreneurs*, industriales, auditores, abogados, consultores, estafadores y estafados, idealistas exitosos y materialistas fracasados.

Estuve lo bastante alto en el sector de los negocios como para conocer las intimidades de grandes empresarios millonarios, pero no tan alto como para ser absorbido sin retorno por el mundo del poder.

Por eso la mía no es una visión teórica, ¡realmente, estuve allí!

No obstante llegó un momento –luego de un año especialmente bueno en mis negocios–, en el que comencé a preguntarme cómo iba a darle sentido al resto de mi vida, ya que a los cincuenta años me quedaba aún mucho tiempo por vivir, pero no tanto como para no detenerme, bajar del tren en movimiento, mirar el paisaje y hacer una profunda reflexión acerca de *hacia dónde quería ir, para qué y por qué*.

Y así fue como, en esa búsqueda, descubrí con fascinación las enseñanzas de Buda. Fue como si todas las piezas de mi rompecabezas existencial cayeran milagrosamente en su lugar. Entendí el funcionamiento de nuestra mente y las causas profundas de nuestro irremediable estrés, infelicidad e insatisfacción. Me ha ayudado a ver el mundo de otra manera, a relacionarme con él de una forma diferente y a vivir más tranquilo y equilibrado.

Buda fue un hombre sabio. No fue un profeta, ni un santo, ni un dios.

Fue un individuo que alcanzó una gran comprensión de la condición humana, de su psiquis y de su mente. Creo que Buda fue el más grande psicólogo de todos los tiempos.

Nació 560 años antes de Cristo en el Norte de la India, en lo que hoy es Nepal. Su nombre era Siddharta y fue un príncipe destinado a ser rey. Sin embargo, hastiado de una vida de lujos y placeres donde no encontraba felicidad, a los 28 años abandonó su palacio y comenzó un largo camino de ascetismo y experimentación personal, hasta alcanzar ese alto grado de sabiduría que luego transmitió a cuantos lo rodearon.

Buda no creó iglesias, religiones ni templos.

Fue un hombre sabio que enseñó con *amor, tolerancia* y *compasión*. Su nombre, Buda, significa *el Despierto* o *el Iluminado*.

De él aprendí algo trascendental que cambió mi vida: existen las *verdades absolutas*.

Nuestra vida transcurre en dos planos diferentes.

El primer plano —y el más evidente—, es el *Plano Mundano y Relativo*.

Es en este *Plano Mundano y Relativo* donde perdemos o ganamos dinero, los mercados suben y bajan, amamos y odiamos. Estamos llenos de creencias y pensamientos sobre la vida, los negocios, lo que deseamos y lo que rechazamos para nosotros y para los demás.

Pero existe un segundo plano: el *Plano Profundo y Absoluto*. En él, la realidad es muy distinta.

Entender a Buda, implica comprender ese *Plano Profundo y Absoluto*.

Como la mayoría de nosotros ignoramos la existencia del *Plano Profundo y Absoluto,* nos movemos por la vida como ciegos sedientos que no saben que tienen sed. Y así es como sufrimos y somos infelices.

Aprender a ser feliz siguiendo el camino de Buda, implica conocer ese *Plano Profundo y Absoluto*.

Para comprender esto, no es necesario peregrinar al Tibet, ni hacerse monje. La enseñanza es muy simple, pero tan sorprendente como un diamante multifacético.

No es religiosa, ni política; es una concepción del mundo y del ser humano. Buda no fue proselitista, no buscó hacer adeptos ni convertir a nadie a sus creencias. Eso explica, en parte, su relativo bajo perfil y el desconocimiento que se tiene de él.

Antes de morir, Buda nos da uno de sus más importantes consejos:

> "No creáis en nada de lo que yo digo o enseño, sino sólo en lo que vosotros, a través de vuestra experiencia, veáis como verdadero. Sed vuestra propia luz".

Trataré de transmitirle —en mis propias palabras y de una forma simple—, la maravillosa concepción del mundo y de los hombres que tanto me ha ayudado a entender dónde está esa esquiva felicidad, con la intención de facilitar al lector el camino inicial o los primeros pasos de comprensión del budismo. No podría aspirar a más, ya que no soy un erudito en la materia, sino apenas un practicante moderado. De modo que me tomaré la libertad de detallarle sus verdades y preceptos en un orden diferente al que suele encontrarse en los libros. Inclusive las anécdotas que cuento son reales, aunque haya enmascarado ciertos hechos, para respetar la intimidad y confidencialidad de los protagonistas.

Mi intención ha sido *transmitir ideas*, por eso no he vacilado en tomarme algunas licencias. Por ejemplo, he evitado usar palabras en los idiomas *pali* y *sánscrito*, para no complicar el texto aunque, el que desee conocerlas, podrá acceder a ellas en el Glosario.

Al hacer esto —y a riesgo de perder precisión—, creo haber ganado fluidez en la lectura ya que, siendo este libro una introducción a las enseñanzas de Buda, mi deseo fue dar una visión panorámica de muchos conceptos.

Cuando me refiero al "hombre", es en forma genérica; o sea, abarcando a ambos sexos. Tampoco cito las fuentes de algunas historias porque, por lo general, he apelado a mi memoria y no las recuerdo con exactitud.

Cuentan que había tres monjes que estaban meditando junto a un lago. Uno de ellos se levanta y dice: "olvidé mi almoha-

dón". A continuación, concentrada y lentamente pisa en el agua y camina por la superficie hasta la otra orilla. Cuando regresa, el segundo monje dice "olvidé la comida en el fuego". También cruza con calma por la superficie y vuelve de la misma manera. El tercer monje mira admirado a sus compañeros en lo que decide es una prueba de gran concentración mental y les dice: "¡yo no soy menos que ustedes!" A continuación pisa el agua y termina chapoteando. Intenta varias veces, cada vez más furioso, empapado y tiritando.

Luego de un rato, el primer monje le dice al segundo: "¿No crees que tendríamos que mostrarle dónde están las piedras?".

Lejos me siento de pretender demostrar ningún tipo de sabiduría. Soy, simplemente, un hombre de negocios que se acercó a Buda, aceptó su filosofía de vida, su visión del mundo y el camino a recorrer.

Es por eso que, con humildad, lo invito a conocer *"dónde están las piedras"*.

Capítulo 2
La felicidad y el sufrimiento

"La única felicidad es la Paz Interior".

Buda

Buda nos ofrece la siguiente metáfora de la condición humana: al nacer, somos colocados en un bosque con arroyos, cascadas y fuentes de agua cristalina. Tenemos sed, pero no bebemos. Sufrimos por ello, pero no la saciamos.

¿Por qué?

Porque no sabemos que estamos sedientos.

El paliativo para nuestra angustia está en todas partes: en cada manantial, en cada fuente; pero como no nos damos cuenta de que para aliviarnos lo que necesitamos es beber agua, continuamos sufriendo.

Para Buda, la única felicidad es la Paz Interior. No existe otra. Todo lo demás que solemos confundir con ella es, en realidad, una fuente de sufrimiento.

Los bienes materiales, por ejemplo, sólo calman nuestra insatisfacción en forma momentánea, mientras dura el gozo del deseo alcanzado; pero en poco tiempo anhelaremos otra cosa y volveremos a sufrir por no poseerla. Luego, al obtenerla, o deja de tener valor para nosotros, o nos apegamos a ella, con lo cual nos convertimos en esclavos de ese objeto que se transforma, una vez más, en fuente de desconsuelo.

El *deseo* domina nuestras vidas.

Deseamos sentir placer y alejarnos del dolor.

Deseamos tener algo, o no tenerlo.

Deseamos ser algo, o dejar de serlo.

Para entender mejor cómo los deseos mueven nuestras vidas, debemos hacer un esfuerzo para reconocerlos a medida que surgen. Esto puede parecer simple, o inútil; sin embargo, no lo es: la razón es que no somos conscientes de cuánto, y cuán seguido deseamos.

Cada día tenemos miles de anhelos y no nos damos cuenta de ello.

A cada momento, segundo a segundo, estamos queriendo algo distinto de lo que es, o de lo que no es.

De lo que tenemos, o de lo que no tenemos.

De lo que somos, o de lo que no somos.

Muchas veces los deseos no son conscientes y se manifiestan como incomodidad, impaciencia o estrés.

Cada vez que percibimos en nuestro cuerpo una sensación agradable, ansiamos que perdure; si es desagradable, queremos que cese.

Si sentimos frío, anhelamos calor; si tenemos sed, queremos beber; si nos pica, ansiamos rascarnos; si algo nos distrae, pretendemos concentrarnos.

¡Deseamos, deseamos, deseamos!

Deseamos ver gente.

Deseamos estar solos.

Deseamos dormir.

Deseamos no estar somnolientos.

Nuestros minutos y horas pasan de deseo en deseo, en forma generalmente caótica.

Pero hay deseos que se convierten en ideas firmes y permanentes, a veces obsesivas.

Deseo determinada cantidad de dinero, aquel auto, un romance con tal persona, un contrato.

O su opuesto: *deseo* no tener tal cosa, deseo *no* relacionarme con esa persona.

LA TRAMPA DEL DESEO

Vivimos inundados y sobrecargados de deseos, y no lo sabemos. Creemos que *necesitamos* cosas cuando, en realidad, sólo las *deseamos*.

El problema grave se suscita porque también *creemos* que debemos satisfacer todos nuestros deseos: que el deseo existe para ser satisfecho.

¡Ahí está la trampa fatal de nuestra condición humana!

Seguramente, nuestra supervivencia depende de esta característica psicológica; la Madre Naturaleza nos hizo así, y de esa forma debemos ser para sobrevivir: *desear* y *perseguir* la satisfacción. El hambre nos mueve a buscar alimento, pues sin hambre moriríamos de inanición. Sin el deseo sexual que nos lleve a acoplarnos, no sobreviviría la especie. Y así sucede con todo.

Por eso el Hombre construye civilizaciones, pero también por el mismo motivo inventó la guerra: para destruirlas.

Nuestros anhelos motorizan esa compulsión irrefrenable que nos lleva a la acción, y a la destrucción.

Pero lo que aquí importa, es que nuestra naturaleza nos hace ser infelices y sufrir en la permanente búsqueda de la satisfacción de los deseos.

Por lo tanto, debemos relacionarnos con nuestros deseos de otra manera. Aprender a observarlos, detectarlos, saber que surgen y también que, muchas veces, desaparecen al instante. Una vez que adquirimos esa práctica, hay que tratar de cambiar nuestro comportamiento con ellos.

Dejar de verlos como algo que *necesariamente* hay que satisfacer. Está arraigada en nosotros la creencia de que es casi obligatorio perseguir la satisfacción de lo que deseamos. Y ahí está el mayor origen del estrés de nuestra vida.

Es muy dura nuestra Condición Humana.

"Cosa rara el hombre –canta Facundo Cabral–,
nacer no pide, vivir no sabe, morir no quiere".

Venimos a este mundo sin pedirlo y nos vamos de él sin querer dejarlo. Vivimos incómodos, intranquilos, sabemos que algo anda mal, pero no entendemos qué es. Sufrimos sin darnos cuenta de ello. Creemos que la vida puede y debe ser bella, fácil; pero no es esa la realidad profunda del hombre vivo.

En su eterno discurrir, nuestra mente no nos da descanso. ¿Cuántas veces querríamos aquietarla, detenerla, dejar de pensar, no proyectarnos?

Eso significa que, no sólo no nacemos felices, sino que sufrimos la mayor parte del tiempo. Y, a menos que asimilemos cuál es la clave de la felicidad, nunca la obtendremos. Este aprendizaje está estrechamente relacionado con la posibilidad de comprender nuestro sufrimiento, y su causa.

La felicidad es un estado en el cual la mente está calma –en el momento presente–, mientras el cuerpo está relajado y libre de tensiones. Pero, en tanto exista un deseo, habrá sufrimiento.

La Bolsa fue una gran instructora para mí, ya que los frecuentes *booms* y caídas de los mercados bursátiles, las euforias y depresiones en las tendencias –así como también las inestables ganancias y pérdidas patrimoniales que he tenido durante esos vaivenes–, me dieron una especial comprensión de lo transitorio.

Generalmente, se piensa en la felicidad con el siguiente razonamiento: tengo necesidades para satisfacer; o sea, tengo deseos. Todo esto me produce algo así como una sensación de hambre; por lo tanto, si obtengo lo que deseo, esa impresión desaparecerá y seré feliz.

Imagine a un bebé hambriento. Llorará y pataleará hasta que su madre lo amamante, y es muy probable que, una vez satisfecho, duerma tranquilo. En la realidad, el bebé sufre de cólicos, se hace pis, tiene frío, calor, al dormir tiene sueños inquietos y, aún cuando alcance ese estado de bienestar que a veces se descubre en su sonrisa, inevitablemente, a las pocas horas, volverá a sentir la angustia del hambre, el sufrimiento y el llanto... Este concepto de felicidad es una de las peores trampas en las que se pueda caer.

Sé que antes de comer siento hambre y que, una vez terminado el almuerzo, estaré saciado. Tengo la suficiente sabiduría como para no atiborrarme de comida y no indigestarme. También sé que luego de unas horas el hambre volverá, y así continuará el ciclo.

Pero en otros asuntos de la vida –el amor, la salud, los negocios–, actúo siguiendo los mismos parámetros, suponiendo que mi hambre podrá ser saciada en forma permanente, mas sólo consigo entrar en un círculo vicioso.

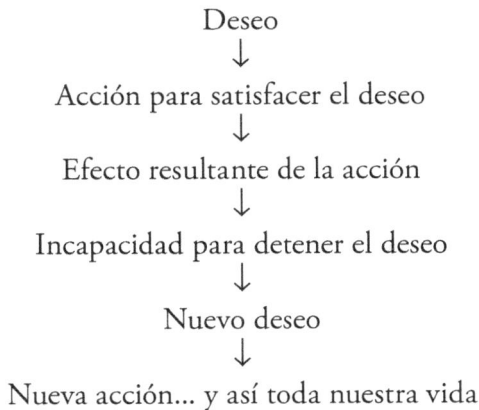

Deseo

↓

Acción para satisfacer el deseo

↓

Efecto resultante de la acción

↓

Incapacidad para detener el deseo

↓

Nuevo deseo

↓

Nueva acción... y así toda nuestra vida

En el mejor de los casos, obtendremos una satisfacción transitoria, pero siempre resurgirá un nuevo deseo insatisfecho. Esto es lo que, en el hindu-ismo, se llama la *Rueda del Samsara*, la rueda del sufrimiento humano, que nunca deja de girar.

Vivimos en una permanente búsqueda, pero erramos el camino.

—Usted perdone —le dijo un pez a otro—, es usted más viejo y con más experiencia que yo y, probablemente, podrá ayudarme. Dígame: ¿dónde puedo encontrar eso que llaman Océano? He estado buscando por todas partes, sin resultado.

—El Océano —respondió el viejo pez—, es donde estás ahora mismo.

—¿Esto? Pero si esto no es más que agua... Lo que yo busco es el Océano —replicó el joven pez, decepcionado, mientras se marchaba nadando a buscar en otra parte.

¿Cómo hacer para que el hambre de los deseos insatisfechos desaparezca? La respuesta está en el dominio del ego. Vaciarme de ego en la medida en que es él quien desea. Evitar que me impulse a aferrarme a sus caprichos, sus posesiones, su dinero, su empresa, sus logros y fracasos, sus ganancias y sus pérdidas. El ego busca cosas para calmar su hambre, pues cree que allí está la felicidad; no obstante, raramente consigue el resultado esperado.

Sin embargo, no podemos prescindir del ego. El ego es necesario en tanto se relaciona con el instinto de supervivencia, y es lo que nos diferencia de los animales, que sólo se mueven por el instinto. Tengo que alimentarme para vivir, abrigarme cuando hace frío, dormir bajo un techo que me proteja y tener medicinas y cuidados para mi salud. Estas son las necesidades básicas, sin las cuales mi cuerpo moriría. Pero yo no vivo en los bosques, sino en la ciudad, motivo por el cual quedo expuesto a miles de estímulos y agresiones del medio ambiente, a la publicidad en la vía pública, la televisión y a Internet, vivo sobre-informado, sobre-ocupado, sobre-estresado y sobre-estimulado.

Entonces, ¿cómo diferenciar lo necesario de lo superfluo, lo que debo perseguir, de lo que no vale la pena?

La respuesta está en la mente y su sufrimiento.

Debo aprender a diferenciar las *necesidades*, de los *deseos*. Si tengo hambre, como; si tengo frío, me abrigo; si tengo sueño, duermo; si me duele la cabeza, consulto al médico o tomo un analgésico.

El deseo, en cambio, me reclamará ir a un cierto restaurante de moda, vestirme con un traje de determinada firma y concurrir a una reunión o fiesta en ese sitio en boga, aunque esté cansado y me duela la cabeza. Ese es el comportamiento que me conduce al sufrimiento y a la infelicidad, ya que cuanto más consumo, más deseo consumir y más *hambre* tengo. Me hace esclavo de mis prejuicios y creencias, de las modas, del qué dirán, de qué me mostrará el espejo, y me arrastra al sufrimiento.

La mente que sufre y se da cuenta de ello, ha dado el primer paso hacia la cesación de su pesar, hacia la paz y la felicidad.

Satisfacciones efímeras

"Mis deseos son órdenes para mí".
Oscar Wilde

¡Y así le fue al pobre Wilde!

No hay receta más segura para el sufrimiento, que ser esclavo de nuestros deseos. Porque los deseos nacen en una zona oscura de nuestro ego.

Es un destino trágico el de nuestra condición humana, pues estamos condenados al sufrimiento de no tener lo que deseamos... o de tener lo que no deseamos. De querer ser lo que no somos... o no querer ser lo que somos. Y aunque en el camino logremos satisfacer esas aspiraciones, la felicidad que ello nos brinde será transitoria, pues tarde o temprano surgirá otra pretensión, que nos llevará al mismo punto de infelicidad en el que estábamos.

UN CAJÓN DE NARANJAS

> *"Si no se obtiene el objeto deseado, hay infelicidad.*
> *Si se consigue, existe la ansiedad por su posible pérdida.*
> *Si falta, aumenta la desdicha.*
> *Por eso, la única felicidad posible consiste en renunciar al deseo".*
>
> Sivananda

Volviendo a Bertrand Russell y la felicidad, éste dio el siguiente ejemplo:

> "Suponga que usted compró un cajón de naranjas y, al abrirlo, descubre que toda la fila superior está podrida. Usted no va a pensar que las de abajo deben de estar en buen estado para así restablecer el balance, sino que imaginará que todo el cajón debe de estar en mal estado.
>
> Así, podemos pensar que nuestros sufrimientos iniciales en la vida son meros dolores de crecimiento y luego vendrán los años felices. Pero la realidad de la vida es que toda la cesta contiene naranjas feas".

Buda y Russell coinciden en algo importante: debemos saber que el sufrimiento está siempre presente, porque es inherente a la vida, y sólo conociéndolo podremos enfrentarlo, hacerlo cesar y encontrar la felicidad.

Capítulo 3
De dónde vengo y quién soy

"Los mexicanos descendemos de los aztecas, los peruanos de los incas y los argentinos de los barcos".

Carlos Fuentes

Llegué al mundo en un barrio de Buenos Aires y soy nieto de judíos centroeuropeos. Mi padre nació en la Transilvania de lengua húngara y emigró con sus padres a la Argentina siendo todavía un niño.

Si bien él nunca tuvo el típico acento esdrújulo de los húngaros, los genes se las arreglaron para que yo hablara en todos los idiomas –incluyendo mi lengua materna, el español–, con un indefinido acento extranjero. ¿Judío internacional, hombre cosmopolita o simple dislexia? Lo cierto es que hasta los taxistas de mi ciudad, después de echarme un vistazo a través del espejo retrovisor, me preguntan: "Y usted, ¿de dónde es?".

Mis abuelos escaparon de la Rusia zarista y otras incomodidades de su tiempo; emigraron a la Argentina en el período de entreguerras. La influencia ideológica de mis antepasados –de origen humilde, intelectual, sionista y pro-comunista, todo al mismo tiempo–, marcó mi rumbo.

Mi abuela materna había militado, en su Kiev natal, en el DROR, un partido judío de izquierda. Ella quería ir a vivir a Palestina porque era sionista, pero terminó en la Argentina por decisión de sus padres; era una mujer de espíritu emprendedor y pasión por los negocios. Mientras que las jóvenes de su época mayoritariamente se dedicaban a la cocina y el hogar, ella prefirió competir siendo una mujer de negocios en un mundo absolutamente masculino. Tuvo varios comercios: desde joyerías hasta ortopedias, y creó el Instituto del Pie, en donde se curaron los callos de miles de peatones porteños y se graduaron cientos de pedicuros. Aparte de los dolores plantares, a mi abuela le interesaban las artes; eso la llevó a trabar amistad con los artistas plásticos de la época, en los cuales reencontró el socialismo que había dejado en Rusia. Fue fotógrafa y realizó diversas artesanías. Aún subsisten en la familia varias máscaras de inspiración africana plasmadas con sus manos, las cuales asustan a los desprevenidos visitantes que puedan toparse con alguna de ellas en oscuros rincones. No recuerdo a ningún antepasado mío que haya sido empleado. Todos fueron emprendedores o pequeños empresarios independientes, lo cual —probablemente—, me haya hecho desear ser dueño de mi propio negocio, objetivo o mandato que siempre tuve, y cumplí a través de variadas iniciativas.

✳✳✳

Mi primer contacto con el mundo de los negocios y el trabajo lo tuve a los siete años en el taller de encuadernación de libros de mi abuelo, oficio que él había aprendido en Rusia cuando era joven.

Crecí en un ambiente donde leer era bueno, sano y entretenido. En casa había muchos libros de todo tipo; no sólo porque a mi familia le gustaba la lectura, sino también porque mi abuelo siempre guardaba algunos ejemplares de cada volumen que encuadernaba.

Él había nacido en Odessa, Ucrania. En la Primera Guerra Mundial —siendo soldado ruso—, fue tomado prisionero por el ejército austro-húngaro. Allí, en Transilvania, conoció a una joven húngara, mi abuela, con quien se casó y tuvieron tres hijos. Así fue como mi padre vino con ellos a la Argentina a los seis años, en 1928.

***

Mis primeros recuerdos se remontan a aquel taller lleno de máquinas que cortaban y cosían papel: ruidosas, oliendo a aceite, grasa, tinta y goma. Había un sector en el que se doraban las letras en los lomos y las tapas con oro en delgadas hojas, con el cual yo jugaba a escondidas. En otra sección, un recinto muy grande, exclusivamente dedicado a guardar los recortes de las hojas, finas tiras y el papel picado de las guillotinas: me resultaba divertido zambullirme y escarbar buscando quién sabe qué. Pero todo eso terminó en una quiebra. El taller desapareció de mi vida, dejando muchos ejemplares en mi casa y un gran amor por la lectura. Los libros han sido, desde siempre, las puertas por las que han ingresado los cambios en mi vida.

***

A los quince años, en el colegio secundario, tenía un amigo cuyo padre era el propietario de uno de los pocos laboratorios que revelaban fotos a color en Buenos Aires. Nos divertíamos yendo allí después de clase para espiar las fotos pornográficas –o al menos de desnudos–, que tan a menudo aparecían en los negativos. Resultaba sumamente excitante, porque se trataba de nuestros vecinos, en cuya intimidad podíamos atisbar.

Un día decidimos que podríamos ganar dinero si tomábamos fotografías en los colegios –con uniforme, por supuesto, no piense mal–, para vendérselas a los alumnos. Debíamos convencer a los directores, para que nos permitieran sacarlas, por lo cual les ofrecimos, a cambio, diapositivas didácticas a color de los temas o libros que a ellos les interesaran, los cuales llevábamos al laboratorio para fotografiar.

Nos fue muy bien en esa primera experiencia emprendedora. Yo era el encargado de lo que hoy sería Desarrollo de Negocio y *Marketing,* pues iba a los colegios y les explicaba a nuestros eventuales clientes las maravillas de las diapositivas a color que podrían proyectar en las clases. El negocio anduvo bien y duró dos años, época en la que nos separamos para ingresar a la universidad.

Pasamos entonces a una nueva empresa: los cursos de memoria y lectura veloz. Aprovechando mi *network* de directores de escuela —quienes habían quedado satisfechos con las fotografías—, volví a visitarlos para vender entre sus alumnos los cursos que en ese momento nos ocupaban. Junto con un amigo, alquilamos un local para dictarlos nosotros mismos, ubicado en Plaza Once, arriba de la famosa Recova, por la que transitaban *buscas*, prostitutas, carteristas y la peor calaña imaginable de individuos. El alquiler era muy barato y el lugar nos permitía anunciar nuestros servicios con un enorme cartel en el primer piso.

Lástima que ningún viandante se sintió interesado, y las únicas personas que subían lo hacían para ofrecer juegos de lapiceras u otras chucherías; incluso algún paraguayo que intentaba vendernos su chipá.

Esta experiencia me permitió aprender —sin que ningún millonario del *retail* o del *Real Estate* norteamericano me lo dijera—, que el secreto de un negocio a la calle se basa en tres principios: ubicación, ubicación y ubicación.

De todas maneras, lo demás nos dejó conformes, porque las ventas en los colegios fueron buenas. Por lo tanto, decidimos devolver el local a su dueño quien, amablemente, aceptó la rescisión del contrato. Recuerdo con aprecio sus palabras al despedirme: —No te preocupes por este fracaso, seguí intentando, porque nunca el primer negocio es el bueno —me dijo.

***

A los quince años, ya ayudaba a mi padre en la empresa constructora, ocupándome de los trámites bancarios y otras diligencias. El trabajo era aburrido, aunque me permitió aprender algunas cosas de la calle; especialmente, a desarrollar una profunda aversión a todo lo que fuera realizar gestiones en oficinas públicas, y a las tareas operativas. Pero pasaron años antes de que yo encontrara una forma de ganar dinero aprovechando mi talento para la estrategia; a partir de entonces, traté de no enredarme con lo operacional.

***

A los diecisiete años tuve que decidir qué carrera universitaria seguir. Dudé mucho entre arquitectura y psicología, ya que en ambas tenía influencias familiares. La empresa de mi padre construía viviendas, yo conocía a muchos arquitectos, la construcción era una industria pujante en ese momento del país y, por otra parte, me fascinaban los grandes arquitectos del siglo XX, como Le Corbusier, F. L. Right, Mies Van der Rohe, Gropius y la maravillosa Bauhaus. No obstante, mi familia se psicoanalizaba *en masa* y a mí me deslumbraba todo lo que leía de Freud, Fromm y muchos otros autores. Finalmente, me decidí por la arquitectura. Mi hermana y hermano, en cambio, optaron por el psicoanálisis y la psiquiatría, lo cuál demuestra la fuerza e influencia que estas disciplinas tenían en mi ambiente familiar.

Estudié durante seis años, en uno de los peores períodos de la Universidad de Buenos Aires. Empecé bajo un régimen militar de derecha, al cual le sucedió un régimen democrático de centro, inclinado hacia la izquierda en la universidad y, luego de un golpe militar, todo se desvió nuevamente a la derecha. En esos años, la Facultad de Arquitectura tuvo seis decanos de distintos signos políticos, y la Universidad estuvo cerrada en varias oportunidades.

Entre otros autores, estudié a Mao, Marx, Che Guevara, Fanon, Althusser.

Usted se preguntará por qué esta bibliografía en la carrera de arquitectura: pues... porque la universidad olía al Mayo Francés y también se respiraban los gases lacrimógenos que la policía lanzaba en un intento de desalojar las numerosas tomas realizadas por los alumnos. En una de ellas, también yo me entusiasmé y terminé preso en una comisaría durante un día y una noche. Decidí entonces que la militancia política no era mi camino.

Esos años de desorden universitario lograron demoler cualquier entusiasmo que yo pudiera haber tenido por la arquitectura, o su ejercicio. Sólo permaneció intacto mi amor por la historia y el diseño de los grandes maestros, los cuales aún admiro y disfruto.

Más adelante conocerá mis primeras experiencias como joven empresario de la construcción, y cómo todo el edificio de expectativas que me había construido se derrumbó súbitamente.

Capítulo 4
Me refugio en Buda

Verdades y preceptos

> *"Sé tu propia isla. Sé tu propio refugio.*
> *No hay ningún otro refugio".*
>
> Buda

Cuando cumplí los cincuenta años –y una vez pasado el susto de haber vivido medio siglo–, decidí que tenía que producir un cambio sustancial en mi vida, pues sentía que había perdido el rumbo. Siempre había pensado que todas las personas estábamos regidas por señales indelebles que la vida iba grabando en nuestro inconsciente; que nada variaba dentro de mí, porque estaba predestinado a seguir los patrones de conducta derivados de traumas y condicionamientos imborrables, de recuerdos eternos, buenos y de los otros. Sin embargo, un día, después de muchas horas de psicoanálisis y diversas psicoterapias, decidí deshacerme de Freud y me quedé *sin marco referencial,* como se decía en la jerga psicoanalítica. Eso no me servía y tenía que probar por otros caminos.

Hice un curso de *Reducción del estrés* con discípulos de Jon Kabat-Zinn y leí su libro *Wherever you go, there you are.* Así, poco a poco, fui descubriendo que siempre había vivido a merced de un amo de dos caras: el Deseo.

Una cara, la *Codicia,* me incitaba a obtener algo que no poseía o a ser algo que no era.

La otra cara, la *Aversión*, me obligaba a rechazar lo que poseía pero no quería poseer, y lo que era, pero no quería ser.

Por lo tanto, al darme cuenta de la servidumbre en la que había caído, decidí buscar refugio en Buda.

UNA NOCHE DE DESVELO

Para conocer más sobre el budismo, decidí hacer un retiro de meditación Vipassana. Éste se realizaba en el campo, en un viejo lugar de recogimientos espirituales católicos que había sido alquilado transitoriamente por budistas.

Confieso que estaba aterrado por la idea de pasar diez días encerrado, sin poder hablar ni tener ningún contacto con el mundo exterior, mi familia y mis negocios. Me parecía un imposible estar toda la jornada sentado, inmóvil y atrapado en mis pensamientos, pero traté de convencerme de que podía hacerlo, y allí fui.

La meditación Vipassana es una de las técnicas que enseñó Buda. El término significa *visión clara,* y se asimila a lo que en español se llama *presencia mental* o *atención vigilante* y en inglés *mindfullness.*

Cuando llegué a mi retiro, el instructor nos invitó a los participantes a cumplir con los Cinco Preceptos budistas mientras estuviéramos en ese lugar. Esto significaba pasar diez días sin mentir, robar, ni dañar a seres sensibles; sin conductas sexuales perjudiciales y sin ingerir alcohol ni drogas. Yo me comprometí a cumplirlos.

Al entrar en la celda, me encontré con un mosquito sobre la pared. Aún era de día, pero podía darme cuenta de que iba a molestarme con su zumbido y alguna eventual picadura durante toda la noche. Normalmente, lo hubiera aplastado sin miramientos, pero tenía muy presente el precepto de no herir a un ser que sentía, y no quería empezar mi retiro transgrediéndolo. Me quedé pensando en esto, hasta que descubrí la presencia de otros cuatro mosquitos más en distintos puntos del techo, lo cual ya garantizaba una noche de desvelo.

Finalmente, encontré la manera de deshacerme de ellos sin dañarlos. Tomé un vaso de vidrio y una hoja de papel, cubrí el mosquito con el vaso, para después deslizar la hoja entre éste y la pared, obligándolo a despertar y caer dentro del recipiente. Abrí la ventana, incitándolo para que volara a la naturaleza, lugar al cual pertenecía. Repetí el procedimiento con los otros mosquitos.

Había llevado unas almendras y pistachos, pequeños placeres para darme a escondidas, teniendo en cuenta lo frugal de la dieta a la que iba a someterme. Sin embargo, mi conciencia demostró que eso era una mentira y resolví dárselos a los voluntarios de la cocina del retiro.

***

Debo decir que cuando llegué al campo donde iba a realizarse el retiro de Vipassana, tuve la sensación de volver a la época en que cumplí con mi servicio militar obligatorio, o *colimba*. En ambos casos iba a someterme a una férrea autodisciplina; no iba a poder irme aunque quisiera, y la austeridad, falta de comodidad y requerimientos serían muy altos para lo que yo estaba acostumbrado. Incluso los horarios eran parecidos, aunque en el retiro eran aún más exigentes, pues nos levantábamos a las cuatro de la mañana y no a las seis, como en el regimiento. La evocación de mi experiencia en el Ejército era muy fuerte y recordé muchos momentos que me habían quedado grabados.

En los primeros y duros días de la instrucción de combate, el sargento a cargo de hacernos conocer esos rigores nos dijo algo importante:

"Soldados: aquí, entre hacer las cosas bien y hacerlas mal, hay muy poca diferencia de esfuerzo, pero el resultado es muy distinto. Les aconsejo hacer las cosas bien, porque si no la van a pasar mal".

El Ejército es un lugar que *invita* a la obediencia, así que decidí adherirme a su filosofía. Me preocupaba por correr un poco más rápido que los demás y en no retacear esfuerzos, especialmente cuando estaba a la vista del sargento; y cuando llegó el momento de elegir a un soldado para realizar cómodas tareas administrativas, él me eligió, lo cual suavizó en gran forma ese año de servicio.

Siempre le estuve agradecido ya que, en su tosquedad, me enseñó algo muy valioso y simple de aplicar: que en la vida, la diferencia entre hacer las cosas bien y hacerlas mal es poca en el esfuerzo, pero enorme en los resultados.

Así, con todas las evocaciones de mi corta vida militar, ingresé en el retiro de Vippassana decidido a hacer las cosas bien.

***

Durante ese tiempo descubrí muchas cosas; por ejemplo, el valor del silencio. Nos habíamos comprometido a guardar el así llamado *Noble Silencio* durante los diez días, lo cual significaba no hablar con ningún participante ni establecer ningún otro tipo de comunicación, ya fuera escrita, gestual o visual. También debíamos evitar mirarnos a los ojos, pues eso significaba una forma de contacto. El sentido del *Noble Silencio* es permitir que cada persona esté sola consigo misma, sin interferencias de los otros y respetando su vivencia. Estábamos juntos casi todo el día, comíamos, meditábamos, caminábamos e, incluso, se compartían las habitaciones, pero evitábamos cualquier tipo de relación.

Luego de mi retiro, sentí que había adquirido una especial sensibilidad hacia los estados de ánimo y las emociones de los otros; comencé a verlos como seres que sufrían: el codicioso, el iracundo, el mentiroso.

El mundo se redujo a felicidad y sufrimiento, sufrimiento y felicidad.

También comencé a valorar el silencio de los que hablaban poco; como dijo Rabindranath Tagore: "Ese que habla tanto está completamente hueco. Ya sabes que el cántaro vacío es el que más suena".

Allí, en Vippassana, aprendí que el budismo no es una religión, aunque hay quien lo llamó *la religión sin Dios* o *la religión atea*, sino un sistema práctico para comprender la realidad tal como es, momento a momento y eliminar el sufrimiento.

En nuestro interior yace una fuente de infelicidad que debemos conocer íntimamente; para ello, Buda enunció las *Cuatro Nobles Verdades*.

Las Cuatro Nobles Verdades

- *Primera Noble Verdad:* la condición humana es inseparable del sufrimiento. El ser humano sufre por el cambio, la enfermedad y el envejecimiento. El sufrimiento está en la raíz de la existencia.
- *Segunda Noble Verdad:* la infelicidad tiene una causa, y esa causa es el Deseo. Nos aferramos a nuestros deseos y, aunque logremos lo deseado, en el fondo seguimos insatisfechos.
- *Tercera Noble Verdad:* el sufrimiento puede cesar si cesa el apego a los deseos.
- *Cuarta Noble Verdad:* Buda enseña una serie de prácticas que permiten a la persona hacer cesar el sufrimiento.

Los Cinco Preceptos

Buda recomendó el seguimiento de cinco preceptos, los cuales son una verdadera guía para la vida, tanto en lo pequeño y cotidiano, como en las decisiones trascendentales.

No deben confundirse con los mandamientos religiosos, ya que no implican idea de pecado.

No son indicados por ningún Dios, divinidad, ni Libro Sagrado.

Los preceptos son recomendaciones de contenido moral, que buscan evitar el sufrimiento de la persona y de sus semejantes.

1. Evitar dañar o matar a seres sensibles.
2. Evitar tomar lo que no se nos ha dado. No robar.
3. Evitar conductas sexuales perjudiciales para uno mismo o para otros.
4. Evitar mentir.
5. Evitar ingerir sustancias intoxicantes o que nublen el entendimiento: alcohol, drogas.

Ahora bien: si la trasgresión de un precepto me sirve para evitar un mal mayor, entonces debo desobedecerlo u obviarlo.

La moral budista es una moral práctica, basada en aquello que resulta beneficioso para que la persona evite el sufrimiento y sea feliz.

Lo correcto debe entenderse como lo provechoso; o sea, aquello que evita el sufrimiento.

Lo incorrecto, en cambio, es lo perjudicial; o sea, aquello que produce sufrimiento.

Para Buda, el mundo es un lugar de sufrimiento, la condición humana implica el sufrimiento, y los preceptos tienen como finalidad no agregar más sufrimiento al mundo.

Para Buda, el sufrimiento no es algo que me pasa a mí o al otro.

Si yo sufro, agrego sufrimiento a los demás, y al mundo.

Si yo produzco sufrimiento a otros, estoy agregando sufrimiento al mundo y a mí mismo.

Luego de mi retiro de Vipassana, decidí adoptar los *Cinco Preceptos* como regla moral. El resultado ha sido excelente, porque me permite *anclar* cada acto de mi vida en un marco trascendente y superior. Me permite controlar los impulsos de satisfacción inmediata de mis deseos y pasiones. Esto ha producido cambios notables en todos los aspectos de mi vida: relaciones familiares, vida sexual, dieta, el uso del tiempo libre y la forma en que encaro y manejo mis negocios e inversiones.

Imaginar un mundo en el que todos siguiéramos estos *Cinco Preceptos* me resulta muy alentador; el mejor incentivo para cumplirlos y observarlos.

Capítulo 5
Bancarrota y resurrección

En el mercado de tulipanes,
o cómo aterricé en la Bolsa

> *"La adversidad depende menos de los males que sufrimos, que de la imaginación con que los padecemos".*
>
> Fenelon

En 1976, por enésima vez, una dictadura militar derrocó el orden constitucional argentino y tomó el poder, en reemplazo del inoperante y absurdo gobierno de Isabel Martínez de Perón.

Desde el Ministerio de Economía un equipo de *Chicago Boys* –así llamados porque la mayor parte de ellos se había formado o adherían a la ultra-liberal escuela de Economía de la Universidad de Chicago–, impusieron nuevas reglas de juego.

En los países desarrollados, en un marco democrático, el liberalismo económico ortodoxo podía funcionar; pero, trasvasado a la Argentina bajo un gobierno dictatorial, sólo creó un dogma hipertrofiado, abundante en actos corruptos, y con una especulación financiera que fue tremendamente nociva. El tipo de cambio se mantuvo sin variantes durante cuatro años, a un valor que sobrevaluaba el peso argentino, lo cual produjo, por ejemplo, que Buenos Aires se convirtiera en una de las ciudades más caras del mundo, y facilitó a la gran clase

43

media disfrutar de un dólar barato y viajar fácilmente por primera vez al extranjero.

Sus destinos predilectos fueron Brasil y la obligada peregrinación a Miami, para −entre otras cosas−, comprar el televisor en colores. Era tal la avidez consumista de los argentinos de aquella época, que en Brasil comenzaron a ser llamados *"Deme dos"*, ya que al preguntar por el precio de un artículo y encontrarlo tan barato, automáticamente respondían eso. Este período tan disparatado de la historia económica argentina, es conocido como *la época de la plata dulce*, en alusión al bajo costo del dólar, las importaciones suntuarias y el consumo desorbitado.

Dice Buda:

> "Ni con una lluvia de monedas de oro se satisfacen las pasiones; escaso es su deleite y producen sufrimiento. Quien así lo ha comprendido es un sabio, pues éste no encuentra deleite ni aún en los placeres celestiales y, en cambio, goza con la destrucción del deseo".

Pero, a medida que transcurrían los años, *la plata dulce* se convirtió en amarga, puesto que la industria −y cualquier tipo de producción−, terminó resintiéndose debido a la competencia importadora, el endeudamiento y la especulación financiera. Era la época en que cualquier industrial o comerciante sólo pensaba en vender su negocio, obtener dinero contado y luego colocarlo a tasas de interés en cualquier banco, ya que los depósitos a plazo fijo tenían garantía del Banco Central. A esta deformación se la llamaba *"poner la plata a trabajar";* es decir, que el que trabajaba era el dinero, y no las personas. Lo único que había que hacer era leer en el diario cuál era el banco que pagaba las tasas más altas, porque los depósitos estaban garantizados por el Estado.

Mientras tanto, el peso se devaluaba muy lentamente de acuerdo con una tabla preestablecida por el Ministerio de Economía, a razón de un escaso seis por ciento anual. Y como en cualquier banco las tasas en dólares superaban el cuarenta y hasta el cincuenta por ciento anual, el diferencial le permitía al ahorrista que ponía a *trabajar el dinero*, obtener un alto rendimiento.

Todo esto terminó en un desastre por distintas razones. Entre otras, porque no pudo mantenerse el tipo de cambio tan bajo y llegó un momento en que el gobierno se vio obligado a devaluar; es decir, a romper *la tablita,* con lo cual generó una crisis de desconfianza absoluta, que derrumbó todo el sistema bancario, provocó quiebras, recesión, caos y caída del equipo económico, y de la Junta Militar que lo sostenía. Ésta fue sustituida por otro equipo de la misma dictadura que, ante el descrédito, no tuvo mejor idea que llevar el país a la guerra invadiendo las Islas Malvinas y enfrentándonos nada menos que con Gran Bretaña y su aliado, los Estados Unidos. La guerra duró poco, pero lo suficiente como para que muriesen miles de jóvenes argentinos, muchos de ellos reclutados en las cálidas provincias del norte... chicos humildes, que nunca habían conocido el mar, ni la nieve.

***

Vuelvo al momento en que este gobierno militar comenzaba. Acababa de recibirme de arquitecto y había tomado a mi cargo la empresa constructora fundada por mi padre. Contratamos a un equipo de primer nivel, que incluía al entonces prestigioso Arthur Andersen, quien nos asesoraba para convertirnos en una organización moderna y eficiente.

Como había mucha plata *puesta a trabajar*, los bancos desbordaban de depósitos, lo que le permitía proveer al mercado de créditos hipotecarios a muy baja tasa de interés. Esto produjo gran demanda de viviendas, por lo cual iniciamos varios condominios en propiedad horizontal, que íbamos vendiendo a medida que los construíamos. Todo anduvo muy bien, hasta la devaluación de 1981.

Habíamos tomado deudas en dólares, pero los compradores no podían pagar las cuotas, y nosotros no podíamos pagarles a los bancos. Los precios de los departamentos cayeron estrepitosamente y, en pocos meses, nos encontramos al borde de la quiebra.

No fuimos los únicos, ya que el *efecto dominó* de compromisos incumplidos no tardó en hacerse notar, y puso en caos a toda la economía. Recuerdo que, en aquel momento, un departamento tipo —de dos ambientes— valía cincuenta mil dólares, y un año después se compraba a doce mil; es decir, ¡su devaluación había llegado al ochenta por ciento!

Esa caída del valor del peso fue acompañada por la de mi autoestima, la cual se cotizaba en esos días al punto más bajo de mi sencilla historia personal. El estrés y la angustia de llegar a la quiebra, me pusieron al borde del colapso psíquico. Yo, que siempre había mirado a los psicofármacos como un recurso de gente débil y superficial, comencé a tomar tranquilizantes como si fueran caramelos, pues me despertaba angustiado a la noche y temiendo ir a la cárcel, como ocurre en algunas quiebras.

Me había casado dos años atrás, en la época de la *plata dulce;* en aquel momento compramos un hermoso departamento antiguo, cuyo interior demolí con entusiasmo, pues deseábamos reconstruirlo con todos los encantos de la decoración moderna. Además, había nacido nuestra hija.

Cuando se precipitó la crisis, nos encontramos viviendo en nuestro palaciego departamento derruido, lleno de escombros y compartiendo los tres una habitación que, en mis sueños hedonistas, iba a ser la sala de relajación del sauna. La cuna de nuestra hija la había colocado en el lugar donde estaba proyectado el *jacuzzi.* Para que no le molestara la luz, me había ingeniado para colgar del techo una tela que caía rodeando la camita a modo de rudimentario baldaquín, aunque más parecía una de esas *jaulas de loro* a las cuales se les baja una tela para que el bicho crea que es de noche y no moleste. Sin embargo, el invento resultó eficaz y recuerdo con ternura los balbuceos de nuestra hija bebé cuando despertaba por la mañana, sacaba su carita por entre la tela y nos sonreía con alegría.

Unos meses después pude sacar los escombros del resto del departamento, pero con ellos se fueron mis ilusiones de muebles escandinavos y, por mucho tiempo, habitamos dentro de un páramo en propiedad horizontal.

Cuando terminamos con el proceso de liquidación de activos y las cosas se tranquilizaron un poco, mi patrimonio era de doce mil dólares, un auto usado –pero de origen japonés, cuyos repuestos ya no podía pagar–, y el departamento. Tenía treinta años y un futuro incierto: todas mis expectativas, sueños y arrogancias se habían derrumbado.

Si bien debía ganarme la vida de alguna manera, decidí que no quería volver a tener empleados, ni clientes, ni socios, ni patrones. De ese modo, por supuesto, la búsqueda quedaba bastante acotada. Durante un tiempo me dediqué a las operaciones inmobiliarias hasta que, con gran alegría, descubrí que la solución a mis desvelos podría estar en un viejo, majestuoso y misterioso edificio de la *City* porteña: la Bolsa.

No sabía nada de la Bolsa

Recuerdo la historia real de un banquero negro en Alabama, criado en un ambiente racista y hostil que, desde la miseria, había llegado a amasar una gran fortuna. Cierta vez, un periodista le preguntó cómo había logrado llegar tan lejos, si apenas había hecho la escuela primaria.

—Cuando no has recibido ninguna educación, no tienes más remedio que usar la cabeza —respondió el banquero.

Lo primero que tenía que conseguir, era lograr ingresar en el recinto bursátil, para lo cual había que ser socio, y yo no lo era. Mi padre se había asociado hacía algunos años y, pese a que nunca había concurrido, su carné estaba aún vigente. De manera que un día me puse traje y corbata, respiré hondo y allí fui. El ambiente me fascinó: los gritos de los agentes, el movimiento de los precios, los cuales, en 1982, todavía se anotaban con tiza en las pizarras. El recinto estaba rodeado de éstas y cada empresa listada tenía una, en la cual se anotaban los cambiantes precios y el volumen de las operaciones realizadas con las acciones negociadas.

Fui todos los días –por un lapso de dos meses–, y comencé a operar tímidamente, de acuerdo con lo que hablaba con los *habitués* expertos, llamados en la jerga bursátil *barandistas,* porque daban las órdenes de comprar o vender apoyados en la baranda de madera que los separaba del recinto de operaciones, al que sólo accedían los agentes y sus mandatarios.

Un día, al ingresar, me detuvo el empleado que controlaba el acceso al lugar.

–¡Este no es usted! –dijo al ver la fotografía de un señor mayor en el carné.

–No, pero es mi padre –respondí con tranquilidad, apoyándome en el parentesco para mitigar el delito; pero no sirvió de nada. No pude volver a ingresar hasta que, unos meses más tarde, conseguí asociarme.

Cuando comencé a ir a la Bolsa no sabía absolutamente nada de acciones, mercados o tendencias.

Pero recordé al banquero negro de Alabama... ¡Usaría mi cabeza!

Confusión de confusiones

La Bolsa me permitió ganarme la vida, sin tener que exponerme a situaciones donde me habría costado ser virtuoso. Al no estar en relación directa con otras personas –en especial, a partir del *trading* electrónico–, el ego es más manejable.

En la Bolsa se debe jugar limpio; no se puede trampear, mentir, robar ni incumplir los contratos. En cambio, en el sector de negocios, al tener que vincularse con otras personas, lo más probable es que surjan tensiones y luchas entre egos.

Como empresario, era frecuente que tuviera fantasías de traiciones, revanchas y otros conflictos varios, situaciones que me producían sufrimiento, y también a los demás. Me enfrenté con un medio en el cual la descortesía, la calumnia, la insidia, el chisme y la mentira, eran elementos usuales y tolerados. Presencié delitos que no siempre fueron castigados, y el fraude estaba al alcance de la mano de quien se atreviera a cometerlo, arriesgándose a las consecuencias legales, las cuales muchas veces no eran –ni son– punidas.

En cambio, en la Bolsa nada de eso existe. Las operaciones están tan reglamentadas, controladas y custodiadas, que se hace prácticamente imposible cometer transgresiones, ni siquiera incumplimientos o engaños menores, sin correr el serio riesgo de ser descubierto y penado. No soy tan ingenuo como para suponer que las Bolsas son paraísos de transparencia y honradez, pero sí creo que es lo mejor que se ha logrado en cuanto a poner reglas de juego y hacerlas respetar. Fueron estas cualidades las que me atrajeron. También el hecho de que el resultado dependiera exclusivamente de las decisiones que yo tomara. Allí estuve –y estoy– solo ante el mercado.

Mi experiencia bursátil por un lado y mis vaivenes en el sector empresario, me brindaron un entorno multifacético de negocios que fui valorizando a lo largo de veinticinco años, en los que oscilé varias veces entre ambos medios: el bursátil y el empresario. Pero creo que el primero de ellos, la Bolsa, ofrece una oportunidad de practicar las virtudes budistas.

En la Bolsa, muchas veces he ganado y perdido cantidades importantes. He recibido golpes a mi patrimonio que me han dejado deprimido por meses, y con la autoestima por el piso, y otros en los que la prosperidad me sonrió.

Mi esposa, quien cree en la reencarnación, siempre dice que en una vida anterior vivimos juntos en Holanda. Yo le digo que si realmente fue como ella cree, entonces seguramente debo de haber sido Joseph de la Vega, quien en 1688 escribió un libro titulado *Confusión de confusiones*, el primero sobre las Bolsas y los mercados financieros.

Conociendo mi pasión por la Bolsa, no me veo en Amsterdam vendiendo quesos y, menos aún, zuecos a medida. Para mi sorpresa, ella dice que yo operaba en el mercado de tulipanes.

Joseph de la Vega era un joven y modesto escritor, hijo de una acaudalada familia de ascendencia judía. A causa de la prematura muerte de su padre, tuvo que hacerse cargo de la administración del patrimonio familiar y, a la fuerza, tuvo que moverse entre los complicados entresijos de los mercados de valores. Aunque era español y lo redactó en ese idioma, el libro lo escribió en Amsterdam.

Joseph, explicándole a un amigo el negocio de la Bolsa y la insatisfacción permanente de quienes operan en ella, dice:

> "Verdaderamente no sabes nada, mi amigo, pues no conoces un negocio misterioso, el más real y más falso, el más noble y más infame del mundo, el más sutil y más grosero que se practica en el orbe. Conjunto de ciencias, resumen de enredos, riqueza para los sagaces y ruina para los atrevidos, tesoro de utilidades y causa de calamidades".

También dice mi ancestro Joseph en un aparte de su agudo escrito:

> "Todo son rabias y más rabias, disgustos y más disgustos, pesares y más pesares. Si el que compra unas acciones ve que bajan, rabia por haber comprado. Si suben, rabia por no haber comprado más. Si compra, suben, vende y gana, pero suben a más alto precio del que ha vendido, rabia porque

vendió a menor precio. Si no compra ni vende y van subiendo, rabia porque, habiendo tenido impulsos de comprar, no lo hizo. Si van bajando, rabia porque cuando tuvo amagos de vender, no se decidió. Si le dan algún consejo y acierta, rabia porque no se lo dieron antes. Si es equivocado, rabia porque se lo dieron. Así pues, todo son inquietudes, todo arrepentimientos, todo delirios, luchando siempre lo insufrible con lo feliz, lo indómito con lo tranquilo, y lo rabioso con lo agradable...".

Y así fue como Joseph de la Vega reencarnó en un joven empresario quebrado, yo mismo, que buscaba *en un mar de confusiones*, cómo ganarse el pan de cada día con especulaciones bursátiles.

Fue en ese torbellino de emociones que es la Bolsa, donde recibí las más valiosas enseñanzas de mi vida.

En el capítulo 22 de este libro, he reunido un conjunto de estas lecciones sobre la Bolsa.

Capítulo 6
La codicia. La adicción del hombre
de negocios

*"El hombre sabio crea su propio Paraíso. El
hombre ignorante crea su propio Infierno".*

Buda

Cuando era niño, solía pasar las vacaciones con mi familia, en la playa. A veces el clima era adverso y yo no tenía mucho para hacer, además de la lectura. Un día descubrí que muy cerca de mi casa habían puesto un local donde había extrañas máquinas eléctricas con pelotas de acero que rebotaban en resortes y elásticos. Eran *pinballs,* o *flippers.* Aprendí a jugar en ellas y, a los diez años, ya era un verdadero adicto, capaz de pasarme horas en el local. El precio de la ficha resultaba bastante caro para un niño, y no eran muchos los partidos que podía jugar con mi escaso estipendio semanal. Durante varios veranos, concurrí a ese y otros locales, pues en mi ciudad estaban prohibidos.

A los quince años me hice amigo del mecánico que se encargaba del mantenimiento de las máquinas, que solían descomponerse con frecuencia. Era un muchacho afable, y me había tomado simpatía. Yo lo ayudaba con algunas tareas, y él me permitía jugar gratis. A los pocos días, ya tenía pase libre y podía usar las máquinas cuantas veces quisiera, sin pagar un peso. Los juegos consistían en los tradicionales *pinballs,* donde se ganaban partidos por puntaje –generalmente dos o tres–, y otros en los que no tenían *flippers,* pero había que embocar cinco pelotas en cinco agujeros alineados, para ganar muchos partidos. Cargando la máquina con más fichas, podían llegar a ganarse cientos de partidos, hasta un máximo de novecientos noventa y nueve.

Como yo tenía la llave maestra que abría la puerta de todas las máquinas, podía apretar unos botones que marcaban los partidos gratis. Aprendí a hacerlo y un día la cargué con el máximo de partidos, o sea, novecientos noventa y nueve. Comencé a jugar, pero a la media hora empecé a sentirme incómodo. Algo no funcionaba bien en mí, no en la máquina: me sentía apesadumbrado y aburrido. Entonces me di cuenta de que ya no me interesaba continuar. El juego tenía sentido mientras ganar resultaba difícil y costoso, pero cuando obtuve *la llave de la abundancia* comenzaron a predominar el hastío y la depresión. Fue mi primera lección sobre la codicia y la insatisfacción que ésta produce.

Me viene a la mente la imagen de Al Pacino en *Scarface* hundiendo la cara en cocaína antes de su apoteósica muerte final. En algún momento había perdido la noción de cuánto era suficiente y, sin duda, había sido mucho antes de esa escena.

Las personas que estamos en los negocios debemos preguntarnos: "¿Cuánto es suficiente?" Y una vez alcanzado ese objetivo, apreciarlo y respetarlo. Si sentimos insatisfacción, debemos darnos cuenta que no se trata de tener más dinero, bienes o poder empresarial: hemos llegado a un punto en donde es preciso tomar una decisión existencial.

FANTASMAS HAMBRIENTOS

> *"No midas la riqueza por las cosas que posees, sino por aquellas que no cambiarías por dinero".*
>
> Anónimo

En el Lejano Oriente se representa a un ser de boca diminuta, cuello también pequeño y vientre abultado, dentro del cual arde eternamente un fuego. Sin duda, se trata de una imagen de la *codicia*: el fuego es el hambre abrasadora, siempre insatisfecha a causa de la insignificancia de la boca y de la garganta, que no pueden tragar todo el alimento necesario.

La *codicia* es la emoción de estos atormentados seres: los fantasmas hambrientos. Algunos habitan tierras resecas, donde no ha habido una gota de agua en cientos de años. Otros suelen hallar comida y bebida, pero cuando ingieren sus alimentos a través de sus pequeñas gargantas, éstos se prenden fuego en sus estómagos aumentándoles el sufrimiento.

En la película *Wall Street* hay una escena en la que un joven ejecutivo y aprendiz de brujo le hace una pregunta al codicioso Gordon Gekko, interpretado por Michael Douglas.

—¿Cuánto es suficiente?
—No es esa la cuestión, amigo —le contesta—. Es un juego de suma cero: alguien gana, alguien pierde. El dinero en sí mismo no es perdido o ganado, es simplemente transferido de una percepción a otra. La codicia es buena. La codicia es correcta. La codicia funciona. La codicia aclara, corta camino y captura la esencia del espíritu de la evolución.

Muchas personas de negocios estarían de acuerdo con esta afirmación de Gekko y, de hecho, yo también lo estaba tiempo atrás. Pero no hablaré aquí de dinero, sino de sufrimiento humano, donde esa visión difícilmente pueda ser válida.

¿Qué es la *codicia*? Adicción al deseo, afán excesivo de riquezas, insatisfacción permanente. El codicioso no advierte su problema; simplemente desea algo y, al obtenerlo, siente una satisfacción momentánea, por lo que comienza a desear otra cosa pensando que, finalmente, su satisfacción será constante. Pero cuando la consigue, descubre su cualidad de efímera. Y entonces desea otra cosa, o más de lo mismo.

El codicioso es un adicto a los deseos: no puede vivir sin desear. Es un fantasma hambriento, un ser sediento que nunca logra calmar su sed. Por lo tanto, no es feliz, y jamás llegará a un estado de paz mental, en la medida en que siempre se sentirá incompleto. A la pasajera satisfacción por un logro o una ganancia, seguirá el acostumbramiento a ella y al nuevo estado en que se encuentra, volviendo entonces a sentirse incompleto y necesitado de más y más. En los negocios, nunca poseerá los bienes o el dinero que cree necesitar; si es político, nunca tendrá el poder suficiente; en las relaciones humanas, el amor o el sexo que necesita. Siempre tendrá algo más que desear.

Cuando empezamos a distinguir la codicia comandando nuestros actos, se nos abre una gran puerta de auto-conocimiento.

La rata en la rueda

> *"No es pobre el que tiene poco, sino el que mucho desea".*
>
> Séneca

Generalmente, al intentar graficar la codicia en el mundo de los negocios, se piensa en la *carrera de ratas* o *rat race*, ese laberinto con el premio de un trozo de queso en la llegada. Pero un hámster girando en una rueda vertical, representa mucho mejor este sentimiento, pues es correr tras un nuevo escalón para encontrarse, al poco tiempo, en el mismo lugar *emocional* del que se ha partido.

Si la rata alcanza su queso, le servirá para alimentarse; pero la carrera del hombre-hámster en la rueda es un ejercicio tan inútil e infecundo, como la codicia.

"Por nuestra codicia lo mucho es poco, por nuestra necesidad lo poco es mucho. Lo mucho se vuelve poco con desear otro poco más". Francisco de Quevedo

Un hombre de negocios es una persona motorizada por la codicia. No digo sólo por ésta, ya que también lo empujan otras fuerzas. Sin embargo, aunque no se hable mucho de ella, la codicia es aceptada como algo positivo y, generalmente, se la confunde con la ambición. ¡Y no son la misma cosa!

La ambición, entendida como la aspiración de lograr metas y objetivos desafiantes –ya sean económicos, deportivos, sociales o políticos–, no es perjudicial. Pero hay una diferencia muy grande y sutil entre *ambición* y *codicia*.

El *ambicioso* está orientado a conseguir un objetivo que implica para él una superación, o un crecimiento personal.

El *codicioso,* en cambio, quiere más para satisfacer un deseo.

Claro está que la ambición se puede convertir en codicia. De hecho, he conocido a muchos jóvenes ambiciosos que se han convertido en mayores codiciosos... y yo he sido uno de ellos.

En algunos sectores de negocios, la codicia es más palpable y aguda que en otros –por ejemplo, en el financiero, probablemente aflore más que en el industrial–, pero en todos está presente.

Una noche en Siberia

"La codicia rompe el saco".
Cervantes

Tuve dos abuelos rusos, y desde chico siempre fantaseé acerca de lo que sería Siberia. Entre tantos libros encuadernados en el taller de mi abuelo, hubo uno que recuerdo con especial cariño. Era la historia de dos niños siberianos de nombre *Chuk y Gek* que, con lindos dibujos, contaba sus travesuras en los bosques nevados. *ChukyGek*, pronunciado así, todo junto, se convirtió en un sonido de mi niñez que me llevaba a un lugar muy lejano, distinto y misterioso. A lo largo del tiempo, fui construyendo en mi imaginación una Siberia de inviernos oscuros, mucha nieve, cielos estrellados, coníferas, martas cibelinas y lobos aullando.

Décadas después, en 1994, me encontré con la imagen de mis fantasías, pero no había trineos, sino limusinas Mercedes Benz y viajábamos en aviones privados.

Todo comenzó el día en que fui invitado —en calidad de asesor de un gran Fondo de Inversión—, a estudiar una posibilidad en la reciente privatización de la industria del aluminio ruso. No dudé en aceptar, porque esta industria se encontraba en Krasnoyarsk, capital de Siberia.

Debo confesar que mi mayor preocupación era enfrentar el temible invierno ruso, qué calzado utilizar y, lo que era peor, con qué tipo de gorro iba a proteger mi ya desarrollada calvicie.

Yo sabía bastante acerca de lo que pasaba en Rusia y de lo que había sucedido a partir de la caída del comunismo: la mayor privatización de la historia. En pocos años, decenas de miles de empresas pasaron del decrépito y corrupto sector público del Estado soviético, al salvaje y aún más inmoral sector privado ruso.

Quien organizaba ese viaje, era un inversor norteamericano que había hecho una enorme fortuna en muy pocos años negociando *commodities* con las nuevas empresas privatizadas rusas. Estas compañías no tenían capital de trabajo; por lo cual, no podían comprar los insumos necesarios para producir. Mi anfitrión había descubierto una manera muy lucrativa de financiarlos: entregándoles la materia prima a cambio de aluminio producido. Pero sus planes iban mucho más allá, pues pretendía adquirir por ese medio una muy significativa participación de la industria, lo cual no era poco decir, teniendo en cuenta que Rusia era el primer productor mundial de aluminio. Quienes comandaban esas organizaciones, es decir, los nuevos gerentes, eran los mismos que antes, en la URSS, formaban parte del Partido Comunista gobernante, viejos bolcheviques devenidos en capitalistas "a la rusa".

Y fue así que, con mi nuevo gorro y mis botas especiales –conseguidas milagrosamente en el tórrido verano porteño–, partí a los treinta grados bajo cero siberianos: Buenos Aires, Frankfurt y de allí a Seremetievo, el aeropuerto de Moscú.

Ahí tuve mi primera y desagradable experiencia, cuando el oficial de inmigración me ordenó que le diera un cigarrillo. Quiero decir que no me pidió un cigarrillo diciéndome: "¿Me convidaría un cigarrillo?" O "¿Tendría un cigarrillo?" Sino que dijo: "*Deme* un cigarrillo". Nunca supe si fue un malentendido idiomático, pero como pertenezco a la generación de la Guerra Fría y sé que con la KGB no se juega, le di el cigarrillo, le sonreí con toda calidez y partí rumbo a la ciudad.

Me habían reservado una hermosa habitación en el Baltschug Kempinsky, y desde ella podía ver directamente la Plaza Roja nevada, el Kremlin y las cúpulas de la Iglesia de San Basilio. En fin, una postal soñada.

Esa noche, después de cenar, tuve otra experiencia interesante, ya que al subir al segundo piso vi que en el pasillo había un hombre en actitud un tanto furtiva, y una mujer a escasos metros de él. Entré en mi habitación, y, segundos después, golpearon a mi puerta. Al abrir, me encontré con que la mujer que había entrevisto me hablaba en ruso y empujaba la puerta presionando para entrar. No tenía uniforme de mucama y exhibía una mirada lasciva y, para mi gusto, nada excitante.

Le dije en inglés que no le entendía, y percibiendo que podía ser una prostituta –aunque era bastante fea y desagradable–, intenté cerrar la puerta. Comenzó un forcejeo entre ambos, que ella ganó en principio, porque logró poner un pie en la abertura. En ese momento fue cuando pensé: "su pie, o mi virginidad", y apoyé mis ochenta y cinco kilos contra la puerta. Lo último que escuché fue una exclamación de dolor y un sonoro insulto, quién sabe en cuál de los cuarenta idiomas que se hablaban en la ex República Soviética.

Fue mi primera vivencia con lo que yo suponía era la mafia rusa. No esperaba encontrar, en un hotel de esa jerarquía, una falta de control y seguridad tan desquiciada.

A esa altura de mi vida, ya había hecho infinidad de viajes de negocios y conocido muchos hoteles; en reiteradas oportunidades había sido blanco de las miradas insinuantes provenientes de quienes prestaban esos ancestrales servicios. Pero nunca nadie había tratado de irrumpir con la fuerza bruta de esa mujer con la que me encontré forcejeando. Y debo confesar que, de las muchas fantasías sexuales que pude haber tenido, ¡nunca existió la de ser violado por una prostituta!

***

A la mañana siguiente, en una fría y blanca madrugada —aún de noche—, nuestro *entrepreneur* norteamericano y su flotilla de Mercedes Benz y Volvos negros pasaron a buscarme para dirigirnos a un aeropuerto, donde milagrosamente todas las barreras se abrían a nuestro paso sin que nadie me pidiera cigarrillos, conformando una escena en la que yo sentía sensaciones de estar en una película de James Bond, mezclada con toques de John Le Carré. Subimos a un extraño avión que había pertenecido a algún jerarca del *soviet* y partimos rumbo a Siberia. El viaje duró nueve horas, cruzamos varias zonas de tiempo y, por fin, llegamos ya de noche a Krasnoyarsk.

Nos alojamos en el mejor hotel de la ciudad, verdadera materialización de la pesadilla de algún arquitecto soviético de lo que debía ser un Holiday Inn. Pese a su fealdad, el carácter provinciano del hospedaje, en medio del frío y la oscuridad circundantes, resultaba más acogedor que el lujoso Baltschug de Moscú y sus *vendedoras ambulantes*.

Afuera nevaba. Me metí en la cama, apagué la luz, y pensé en *Chuk y Gek. Chukygek... Chukygek...*

Nueva madrugada, más autos negros, y a emprender el recorrido por la mayor planta de aluminio del mundo. *El tamaño importa*, habrán pensado los Ingenieros soviéticos que proyectaron esa industria. Estaba constituida por más de cien hornos, tan grandes como tres campos de fútbol cada uno. Toda la planta era obsoleta, aunque aún funcionaba, y registraba el mayor grado de contaminación ambiental que pueda tener una industria. Los rusos poseían energía hidro-eléctrica, pero no contaban con capital para comprar materia prima, ni con créditos para ello. Más tarde me enteraría de que a mi anfitrión norteamericano que les entregaba la materia prima a cambio de aluminio, un día dejaron de pagarle. Otro *trader* –que había adquirido el veinticinco por ciento de esa empresa–, tuvo una suerte similar cuando su nombre fue borrado del Registro de Accionistas de la compañía, los cuáles eran llevados por los directores de la sociedad en forma discrecional y fraudulenta. Borrar nombres de los registros y cambiarlos por otros, era una trampa muy en boga en la Rusia post-soviética; una manifestación más de lo que George Soros describió por esos días como un *capitalismo de ladrones*.

Vuelvo a la noche siberiana de comienzos de 1995. Ya se había iniciado la *crisis del tequila*, las Bolsas habían empezado a caer, y a esto se le sumaban otros eventos de gravedad, como la quiebra de numerosas empresas. De regreso en el hotel, me encontré con los fax que mi agente de Bolsa solía enviarme cada vez que me ausentaba. En la columna derecha, donde normalmente aparece el porcentaje de alzas y bajas, ese día todo registraba -15%, cifra que, en pocas palabras, indicaba que el mercado se había desplomado nuevamente a su límite máximo y que mis pérdidas eran cuantiosas.

Esa noche, nuestro anfitrión nos llevó a cenar, con el gobernador de Krasnoyarsk, a su *dacha,* o casa de campo; un sitio enclavado entre los bosques nevados de abedules y coníferas, donde sólo faltaba escuchar el aullido de los lobos. Al llegar a la magnífica residencia nos recibió el gobernador, que era un hombre con aspiraciones presidenciales y se le notaba. Nos estaban esperando con el infaltable vodka y caviar *del bueno*, y muy pronto comenzaron los brindis. En ese lugar del mundo es habitual que los comensales se vayan poniendo de pie a su turno, para hacer un brindis con un discurso, que puede durar varios minutos; de hecho, uno se extendió como un cuarto de hora. Por suerte, el protocolo permite que los comensales sigan comiendo y bebiendo durante la alocución, lo cuál era fundamental, ya que los rusos hablaban en su idioma, y luego venía la traducción al inglés. Los rusos estaban sentados de un lado de la larga mesa y los occidentales del otro. Los brindis se iban alternando: primero un ruso, luego un invitado, luego otro ruso y así durante toda la velada.

Como yo no tolero el alcohol, me concentré en el caviar y en el esturión, mientras pensaba en lo que estaba sucediendo en la Bolsa, a la vez que me reprochaba a mí mismo por haber sido tan codicioso, y no haber vendido cuando tenía una buena ganancia. No lograba disfrutar del momento, el cual era realmente divertido y pintoresco, especialmente por lo que pasaba del lado *occidental* de la mesa en donde se percibía un creciente desvarío e incoherencia en los discursos. Cuando terminó la cena, los rusos nos despidieron, achispados pero frescos, cómo después de un *five o'clock tea*. Es admirable la capacidad que tienen de tomar vodka, y resistir sus efectos como si fuera agua mineral. Mientras, la hilera de banqueros e inversores occidentales era una ruina de beodos tambaleantes, con una total incapacidad, en ese momento, no ya de invertir en Rusia, sino de sacar su tarjeta de crédito del bolsillo. ¡O de encontrar siquiera su bolsillo! El único sobrio entre ellos era yo, que seguía rumiando para mis adentros... *por qué no habré vendido a tiempo...*

BUITRES DEVORANDO BUITRES

Visto en perspectiva, ese viaje a Rusia fue como una gran vidriera de lo peor que la codicia puede producir en los hombres.

Ganancias y pérdidas exorbitantes, corrupción sin límites, mafias chantajeando a empresas y empresas asociadas con la mafia. Ex-comunistas convertidos a un capitalismo salvaje y sin ética capitalista. Buitres devorando buitres...

Sin embargo, me llevé algo muy hermoso... rescaté a *Chuk* y *Gek,* quienes siguen vivos en la profundidad de mis sueños.

"De aquel que opina que el dinero puede hacerlo todo, cabe sospechar, con fundamento, que será capaz de hacer cualquier cosa por dinero". Benjamín Franklin.

Diez años después, en 2004, la edición rusa de la revista Forbes publicó una lista de los cien hombres más ricos de Rusia, algunos con fortunas superiores a los diez mil millones de dólares. Algunos de esos multimillonarios, tenían menos de 25 años cuando yo estuve en Siberia y era evidente que esas fortunas sólo se podían conseguir en un *capitalismo de ladrones.*

Pocos días después, el editor de Forbes –que había tenido la osadía de publicar esa lista de millonarios–, salía de su oficina para tomar el subte, cuando desde un Lada con los vidrios oscurecidos le dispararon cuatro certeros y mortales balazos...

Internet: la ola de codicia del fin del milenio

El año 2000 amenazaba a la humanidad con cataclismos diversos, pero concluyó con una orgía de codicia disfrazada de *entrepreneurship*. Yo no fui ajeno a la codicia, así que lejos estoy de tirar la primera piedra...

Internet produjo un colosal auge que sólo se registra con semejante intensidad —aunque en forma esporádica—, en los mercados bursátiles. Al ocurrir ese *boom,* yo ya lo había experimentado varias veces en mis años de especulador... o, como se le dice en la jerga, de *bolsero* o *barandista.* La revolución de Internet —entendiendo por esto la globalización del acceso barato a las múltiples posibilidades de la red—, supuso para muchos la certeza de llegar a enriquecerse rápidamente, mediante el lanzamiento de negocios virtuales que, supuestamente, desplazarían a los reales y tradicionales.

La historia de lo que pasó es bien conocida: una burbuja bursátil de sobre-valuación de acciones de empresas que no valían nada, ni servían para nada y que, meses después, dejaron de existir, pero que catapultaron las cotizaciones a alturas insólitas. Muchos jóvenes brillantes creyeron que podrían enriquecerse en muy poco tiempo, ante la mirada atónita de los viejos empresarios, que no entendían lo que pasaba porque ni siquiera sabían encender una computadora. El resultado fue que, de cada una que sobrevivió, hubo otras mil que desaparecieron.

Fue por esos días que me ocurrió algo extraño: perdí la conciencia del paso del tiempo. Como buen oportunista, me vi enredado en la ola de codicia y trabajaba las veinticuatro horas del día, porque sentía que las oportunidades se me escapaban. Los días pasaban muy rápido, apenas descansaba unas pocas horas, no podía dormir ni una siesta y trabajaba los siete días de la semana. Mi sensación era la de estar corriendo permanentemente una carrera en la cual podía llegar a morir si me detenía.

Recuerdo que una vez estaba cruzando unos *e-mails* con un potencial socio en Madrid. Eran las diez de la noche en Buenos Aires, yo ya estaba cansado y quería irme a casa. De pronto, me di cuenta de que en Madrid, por la diferencia horaria, ¡eran las tres de la mañana!

—*¡Debes sentirse agotado por estar trabajando a esta hora!* —le hice notar a mi corresponsal.

—*¡Vale! Pero es que en el negocio de Internet, ¡si paras, mueres!* —me contestó.

Y él fue uno más de los *muertos*, porque la *burbuja* se pinchó y su negocio también.

Recuerdo aquella época no como algo excitante y agradable, sino como una pesadilla.

"Cierta vez, el rey Midas pidió como deseo poder convertir en oro todo lo que tocase. Cuando ese deseo le fue concedido, murió de inanición pues los alimentos también se convertían en oro".

CODICIA Y MIEDO

Existe un índice en la Bolsa norteamericana conocido como *índice del miedo,* porque mide el temor de los inversores de que la Bolsa baje.

En realidad el índice VIX, pues así se llama, mide la volatilidad de las opciones. Si es bajo, significa que las opciones están menos volátiles, señal de que los inversores se encuentran, en general, tranquilos y complacientes. En cambio, si se sienten nerviosos o temerosos de una baja, la volatilidad de las opciones se incrementará y el índice subirá. Es así como el índice de volatilidad se convierte en un indicador de los dos sentimientos que mueven los mercados: el miedo y la codicia.

UNA PARED DE PREOCUPACIÓN

El mercado alcista trepa una pared de preocupación. Esta frase, común en *Wall Street*, y se refiere al creciente nerviosismo generado en el inversor a medida que los precios suben y se comienza a temer una fuerte caída. Claro está que, luego de una larga suba, el inversor cae en la autocomplacencia, se acostumbra a las ganancias obtenidas aunque éstas sean inestables, y la codicia no le deja ver la altura de la *pared* que ha trepado. La codicia sume al inversor en la irresponsabilidad y la ceguera del peligro.

Así fue como un día me puse a pensar si los negocios podrían existir sin codicia ni sufrimiento.

Siempre he tenido la sensación de soportar el sufrimiento en mi trabajo para no sufrir carencias. Vivía sobre-alimentado, sobre-informado, sobre-exigido, sobre-viajado, sobre-angustiado y sobre-deprimido. Y sentía una desesperante sensación de estar perdiendo el tiempo; o, mejor dicho, de que el tiempo se me escapaba inexorablemente, sin estar yo haciendo algo trascendente, o de verdadero valor.

> Si vas deprisa
> el tiempo volará ante ti,
> como una mariposilla esquiva.
> Si vas despacio,
> el tiempo irá detrás de ti,
> como un buey manso.
>
> *Juan Ramón Jiménez*

Capítulo 7
El ego

Ser maestros de nuestro ego

*"Estudiar el budismo es estudiar el ego.
Estudiar el ego es olvidar el ego".*

Dogen

El maestro Sufi Sa' di de Shiraz relata esta historia.
Cuando yo era niño era un muchacho piadoso, ferviente en la
oración y en las devociones. Una noche estaba velando con mi padre,
mientras sostenía el Corán en mis rodillas. Todos los que se hallaban
en el recinto comenzaron a adormilarse y no tardaron en quedarse
profundamente dormidos. De modo que le dije a mi padre: —Ni
uno solo de esos dormilones es capaz de abrir sus ojos o alzar su cabe-
za para decir sus oraciones. Diría uno que están todos muertos.
Y mi padre me replicó: —Mi querido hijo, preferiría que tam-
bién tú estuvieras dormido como ellos, en lugar de murmurar.

En esta historia, el ego se disfraza de soberbia y se esconde
tras la propia virtud, llevando al hijo a sentirse mejor que sus
semejantes. Y esto trae consigo pensamientos negativos, que
son la semilla de la intolerancia.

Cierta vez, durante un retiro de meditación, mi maestro estuvo
largo rato hablando de temas relativos al ego, sin nombrarlo. Le
pregunté entonces por qué no se refería directamente a él.

—Mejor no mencionarlo —dijo—, porque cuando se lo cita... ¡se presenta!

¡Oh, el ego en los negocios! ¡Cuántas discusiones, peleas, litigios y sufrimientos, sólo por permitir que el ego se exprese en lugar de reprimirlo! Los egos tienen especial predilección por comunicarse entre sí, pero las suyas son palabras de sufrimiento.
Watch your Ego!
El ego es la parte de nuestra mente que piensa que uno es algo distinto y separado de todo lo demás. Busca la alabanza, el orgullo, el honor y la fama, y escapa de la censura, la denigración, la deshonra y la vergüenza. Es la parte más ignorante de nuestro ser y la sabiduría le es ajena.

Mi ego desconoce que todo es *transitorio* y me esclaviza a las cosas, me impulsa a aferrarme a ellas buscando satisfacer el deseo. Como vive en el *Plano Mundano y Relativo,* debo amaestrarlo para que sus caprichos no me alejen del *Plano Profundo y Absoluto.*

Todo surge para desaparecer

Cuando era niño siempre iba a un club deportivo, y en el gimnasio de complementos solía ver a un joven veinteañero que practicaba fisicoculturismo. Recuerdo que era morocho, de ojos azules y se había operado la nariz, así que parecía una estrella de película o un verdadero Superman de las historietas que yo leía. En los años cincuenta, el fisicoculturismo no era algo tan común como hoy en día, así que este joven se destacaba como un verdadero Apolo.

Yo no iba muy seguido, y ocurrió que dejé de verlo durante meses. Un día, este joven apareció nuevamente y casi no lo reconocí: estaba demacrado, la piel amarillenta y el cuerpo como desinflado. Los músculos habían desaparecido y el Apolo antes admirado por todos se había convertido en un simple mortal. Supe que había contraído una hepatitis que lo obligó a permanecer varios meses en cama y, a partir de entonces, nunca volvió a ser el de antes. Esta imagen del *antes y después*, causada por algo tan aleatorio como el virus de la hepatitis, me quedó grabada en la memoria.

La Verdadera Naturaleza de las Cosas

Buda nos explica que todas las cosas, seres y fenómenos tienen tres características en común: son *insatisfactorias*, son *impermanentes* y *no tienen identidad propia*.

Esta es una enseñanza central en el mensaje de Buda y la vamos ir recorriendo poco a poco. Por ahora, podemos ir reflexionando lo siguiente: nada nos satisface en última instancia, porque la felicidad de obtener el objeto deseado es efímera. Y esto es así porque *todo* es transitorio y efímero. Nada permanece. Todo es *impermanente*.

Finalmente, como *todo está en permanente cambio y es transitorio*, no se puede concebir que tenga un *yo*, o una identidad propia, ya sea una cosa, un ser vivo o un fenómeno. Profundizaremos de aquí en más cómo en distintas situaciones de la vida conviene *ver y tener* conciencia de la *Verdadera Naturaleza de las Cosas*.

"Nadie puede bañarse dos veces en el mismo río".
Heráclito

Siempre busqué cosas que me dieran felicidad. Me costaba mucho tiempo y esfuerzo alcanzar esos logros destinados a cimentar un sentimiento perdurable, pero después me daba cuenta de que había sido una persecución inútil. Mi error de creer en algo permanente, partía también de pensar que yo mismo era *un yo separado y con una esencia inmutable*. Pero nada es así; aunque mi intuición diga lo contrario *yo también* estoy cambiando a cada momento. Yo mismo *soy transitorio*.

Nuestra mente está programada para creer en la estabilidad inmutable de las cosas. Es lógico que así sea, pues es la única forma de sobrevivir en lo mundano. Sufro por el cambio, sin darme cuenta. Me aferro a algo que se me escapa, y culpo de ello a las circunstancias, a la mala suerte, a los otros, o a mi propia ineptitud. Vivo confundido en el sufrimiento, porque no percibo la *inestabilidad* de todo lo real.

Experimentar el cambio incesante me causa vértigo, inseguridad y temor, porque me lleva a perder todos los puntos de referencia. También mucha angustia, porque significa que todo lo que tengo, amo y anhelo desaparecerá tarde o temprano: mis seres queridos, mi pareja, mis hijos, y también aquello que más aprecio de mí mismo.

Nos dice Buda:

> "Todo surge para desaparecer; lo agradable y lo desagradable, lo bueno y lo malo".

Si logro percibirme a mí mismo como parte de ese flujo incesante e infinito, sentiré paz y tranquilidad.

En los mercados bursátiles, la no-permanencia se aprecia con toda su diáfana potencia. Todo cambia constantemente: precios, volúmenes, estados de ánimo... ¡Qué maravilloso maestro es el mercado! ¡Cuántas enseñanzas puede brindar a quien se acerque a él desprejuiciadamente y someta a su ego a tanta sabiduría!

LOS DOS PLANOS DE NUESTRA EXISTENCIA

La realidad de nuestra vida es que se desarrolla en dos niveles de conciencia o Planos: el *Plano Mundano y Relativo,* y el *Plano Profundo y Absoluto.*

- El Plano Mundano y Relativo

El *Plano Mundano y Relativo* es el tiempo y lugar donde viven mi cuerpo, mi mente y mi ego como creencias de mi mente. En este plano mi cuerpo y mi mente nacen, se desarrollan, envejecen, enferman y mueren.

Este es el *Plano* de la tarea, del trabajo, de la crianza de los hijos, en el que cuido mi cuerpo y me alimento. En este *Plano* me parece importante llegar a tiempo a la cita... si no, ¿qué pensará el otro? El de las formalidades y los convencionalismos: ¿qué imagen estaré dando? ¿Qué pensarán de mí si no cierro este contrato? Es en donde las cosas parecen satisfactorias y el ego comanda mis acciones. En el *Plano Mundano y Relativo* voy tras la ganancia y no tras la pérdida, anhelo la alabanza y no la censura, deseo obtener cosas medibles en números: más dinero, más poder, más bienestar, y me planifico para lograrlo. Quiero tener más, ¡no menos! Opino, discuto, critico, acepto, rechazo. También puedo hacer filantropía o ser altruista, ayudar a los necesitados. *Mens sana in corpore sano:* cuido mi salud y cultivo mi mente. Escucho buena música, aprecio las Artes y la buena literatura. Pero todo lo anterior es sólo la superficie de la realidad pues existe otro *Plano.*

- El Plano Profundo y Absoluto

En este nivel no hay nacimiento ni muerte. Aquí *todo surge para desaparecer.* Es en este plano donde apreciamos la *Verdadera Naturaleza de las Cosas.* De todas las cosas. Ellas son *insatisfactorias, impermanentes y carecen de identidad propia.* Y no sólo las cosas, sino también los seres y los fenómenos. Si nos conectamos con el *Plano Profundo y Absoluto,* no sufriremos. Porque *nada vale la pena de ser ni de tener.* Todas las posesiones traen sufrimiento, ansiedad y estrés. Casarse, tener hijos, acumular riquezas, fama u honores. Todo lo que más apreciamos y por lo que luchamos es fuente, a su vez, de pesadas cargas, que vienen acompañadas de responsabilidades de todo tipo, de intranquilidades y angustias. Cuando deseamos tener o ser algo –o todo lo contrario cuando sentimos aversión a ser o tener algo–, en ambos casos nos causa sufrimiento.

En el *Plano Profundo y Absoluto,* el sufrimiento carece de sentido. En su *Verdadera Naturaleza,* las cosas son efímeras, transitorias, *impermanentes* e *insatisfactorias.* Incluso yo mismo, porque en este *Plano* no existo sino como en el río de Heráclito, que fluye sin parar, en constante movimiento y cambio, y donde cada gota, cada molécula de agua, se funde con las otras en un todo que es el río. En este *Plano* se puede entender que las cosas no tienen identidad propia, pues algo que está en permanente cambio no puede tenerla. Esta comprensión de la no-identidad o del no-yo, no es fácil de alcanzar. Sin embargo, está en el corazón de la enseñanza de Buda.

Veámoslo con este ejemplo: mi identidad –o, para mi caso, Oscar–, se ve como conceptos: Oscar Cuerpo, Oscar Mente, Oscar Hijo, Oscar Padre y así. Pero, la realidad, es que no existe un *Yo Oscar inmutable o permanente.* Y si algo está en permanente cambio, significa que no tiene identidad *permanente* o propia.

El ego cree que existe *un Oscar* con identidad propia.

Haga una prueba: párese frente a un espejo y pregúntese, ¿quién soy? ¿Qué es esto que veo? ¿Quién me está mirando? Permanezca apenas unos minutos, no será necesario más. Todo lo que aparecerá –y lo único que verá–, será su ego; recuerde que este ego son sólo ideas y creencias de su mente.

PERO... aunque su mente es una parte suya, ¡usted
NO es su mente!
EL ego es el conjunto de pensamientos, creencias
y condicionamientos de la mente que creen que
es un Yo que existe separado de lo demás, que
es diferenciado, y experimenta cosas que le son
propias.

En ese lugar donde el ego cree que hay un *yo,* una identidad, sólo hay... *vacío.*

Escuchemos a Buda:

> "Siendo un conjunto de dedos,
> una mano no es una cosa independiente
> y tampoco lo son los dedos que están hechos de falanges
> y esas falanges consisten de partes menores;
> estas partes son hechas de átomos
> y los átomos se mueven en varias direcciones;
> finalmente, estos fragmentos colapsan en nada;
> todos están vacíos y carecen de real existencia".

Imaginemos por un momento que estamos en la Luna, observando la Tierra.

¿Qué vemos?

Una esfera imperfecta, los océanos como cristal azul y los continentes como incrustaciones de distintos colores. El mar no es acuoso, no tiene olas ni se mueve. Es sólido.

Ahora viajemos imaginariamente a la superficie de ese océano. Hay olas, espuma, gaviotas, barcos, jóvenes practicando *surf* y bañistas. Ese mismo mar –que visto desde escasa distancia puede parecer una masa embravecida y desde la Luna se confundía con un cristal azulado–, es como el *Plano Mundano y Relativo* en el que nuestros pensamientos son como olas en perpetuo movimiento.

Sumerjámonos... el agua está tibia... veremos peces diversos y distintas formas de vida, aunque menos luz. Hacia arriba aún percibimos el movimiento de las olas y el resplandor del Sol. Y si nos sumergimos más y más, llegaremos a lo muy profundo, donde todo es calma y silencio. Esto sentimos cuando nos conectamos con el *Plano Profundo y Absoluto*: calma, quietud, silencio y paz.

¿Cómo vivir día a día en el *Plano Mundano y Relativo* sin que surja codicia, odio o resentimiento? La respuesta está en lograr la conexión entre los dos *Planos*. Así podremos acercamos a la ecuanimidad ya que, en ese *Plano Profundo y Absoluto*, el odio, la aversión y la ira se esfuman y desaparece el sufrimiento.

Es en el *Plano Profundo y Absoluto* donde encontramos la sabiduría que trasciende las pseudo–realidades que tanto nos ocupan y preocupan en el *Plano Mundano y Relativo,* donde el ego tiende a conducir nuestra vida diaria.

Para que desaparezca el sufrimiento, es conveniente aprender a vivir las cosas cotidianas, nuestros proyectos y negocios, nuestra vida familiar y afectiva —todo lo cual pertenece al *Plano Mundano y Relativo*— sin desconectarnos nunca del *Plano Profundo y Absoluto.*

Si en esos momentos de inquietud —cuando nos sentimos invadidos por el *Plano Mundano y Relativo*— logramos hacer un alto y meditar, viendo los pensamientos como si fueran olas, la mente y la respiración se aquietarán. El estrés desaparecerá. El lugar interior de sufrimiento se llenará de paz. Si la angustia es como una opresión en el pecho, cesará la presión... liberada por la calma, que ocupará ese mismo lugar. Cada emoción tiene su lugar en el cuerpo y una sensación específica.

Por ejemplo: si detectamos la emoción de la codicia, y luego meditamos y observamos la sensación corporal que esa codicia nos produce, podremos liberarnos de ella y, al hacerlo, ese lugar se llenará de paz. Podremos entonces sumergirnos dentro de nosotros mismos, donde todo es calma y silencio, y estaremos conectados con el *Plano Profundo y Absoluto.* Nuestra paz no está en la riqueza, ni en el Tibet, ni en los ansiolíticos, ni en el *Plano Mundano y Relativo.*

> Nuestra paz está en el mismo lugar que ocupa nuestro sufrimiento, y surge cuando éste desaparece.

El león y la gacela

La compasión ocupa un lugar importante en la enseñanza de Buda, pero su sentido no debe confundirse con pena, lástima, caridad o piedad.

¿Compasión en los negocios?

¿No es eso ingenuo e imposible?

¿No es algo *femenino* en un mundo donde sólo se triunfa *a lo macho*?

¿Compasión en la lucha por ganar mercados?

¿En la *rat race* por escalar posiciones?

¿Cómo se puede ser compasivo y no ser destruido por quienes no lo son?

Me hice las mismas preguntas, pues confieso que también me molestaba la palabra *compasión*, ya que la asociaba a imágenes de la Madre Teresa de Calcuta, o a discursos religiosos que sentía ajenos a mí. Por eso tuve que hacer un gran esfuerzo y profundizar aún más en el concepto de compasión según Buda, para encontrar el enfoque y la dimensión adecuada.

Si no estamos dominados por nuestro ego, y la ecuanimidad y la paz reinan en nuestra mente, aflora en nosotros, con toda naturalidad, un sentimiento de empatía, sintonía, de unidad con todos los seres.

Eso es la compasión: *un fuerte deseo de que se alivie el sufrimiento del otro.*

La verdad profunda detrás de la compasión reside en la *Primera Noble Verdad enunciada por Buda: La vida es un lugar de sufrimiento, de insatisfacción.*

Cuando se comienza a ver el sufrimiento de los otros en su vida cotidiana, su codicia e insatisfacción, su cólera y la ira que los atormenta, sus resentimientos, envidia, la enajenación de su tiempo y afectos tras objetivos vacuos, entonces —como reflejo de nuestro propio sufrimiento en ellos—, podemos sentir *compasión* hacia esos otros seres.

Este sentimiento no implica sufrir con el otro, sino *ver su sufrimiento, advertir que está sufriendo.* Sin embargo, el compasivo le hace ver al que sufre que en él encontrará la comprensión, y no la violencia; que no es parte del problema, sino de la solución.

Incluso hay veces en que los sentimientos compasivos no pueden transmitirse a aquel que sufre, pero en esos casos la compasión es un sentimiento altamente positivo, pues libera a quien la siente de las pasiones negativas, principalmente de la ira y el odio.

La *compasión* nos libra del ego, porque hace surgir en nosotros una vibración altruista, ya que sólo en el ego pueden residir las emociones negativas y destructivas.

Es evidente el sufrimiento de una gacela al ser devorada por el león, pero nos cuesta percibir el sufrimiento del león al devorar a la gacela.

Esta es una metáfora; sin embargo, usted puede imaginar a personas que odia, o que le han hecho daño, y ver dentro de ellas a las emociones negativas que lo llevan al sufrimiento. Odio, crueldad, ira, venganza, envidia, resentimiento, culpa, son todas alteraciones que se apoderan del victimario y lo hacen sufrir.

En los negocios, la persona que sufre puede ser nuestro peor enemigo, nuestro más odiado competidor, o alguien que acaba de estafarnos.

Si no nos percatamos del sufrimiento de nuestro contrincante y no podemos ser sensibles con él, difícilmente podremos reconocer el sufrimiento propio y ser lo suficientemente tolerantes y compasivos con nosotros mismos como para liberarnos de nuestras propias cadenas, ya sean estas de autoexigencia, culpa, búsqueda de estatus, del *deber ser* o de las conveniencias sociales.

El ego, en su ignorancia, cree en la existencia de lo satisfactorio, y supone que las cosas tienen una naturaleza distinta de la que realmente poseen, que son permanentes, que los deseos obtienen una satisfacción duradera en las cosas y que éstas tienen una identidad propia, independiente del todo. Cuando el ego reúne toda su ignorancia, genera la gran máquina de nuestro sufrimiento: la máquina del deseo y la codicia.

No hay compasión, sin desprendimiento del ego.

Así que... ¿puede usted ver el sufrimiento del león?

Los pies en la tierra

Hay cosas simples que me resultan placenteras, como caminar descalzo sobre el césped. Siempre que estoy en una cancha de golf aprovecho, cuando nadie me ve, para descalzarme y caminar sobre los *fairways* y *greens*. Especialmente de noche, el rocío húmedo me produce una sensación de *descarga a tierra*.

Caminar descalzo me conecta con una verdad profunda. Mi ego se disuelve cuando toco la tierra y me uno a ella. Me da una comprensión total de la falta de límite entre mi cuerpo y ella. En esos momentos, mi piel, el césped, los árboles y el cielo somos una sola cosa. Un todo.

En el *Plano Profundo y Absoluto*, sabemos que *nada vale la pena tener, ni nada vale la pena ser,* porque la *Verdadera Naturaleza las Cosas* se ve con prístina pureza. *Nada es satisfactorio, nada es permanente, nada tiene identidad propia.* Cuando me conecto con estas verdades, sólo puedo sentir paz y tranquilidad.

Los avatares cotidianos se convierten en luces de colores, en olas que van y vienen, como nuestros pensamientos. Nuestra diaria tarea se transforma en una sucesión de momentos lúcidos, de plena concentración en el aquí y ahora. Y así, actuamos con diligencia, concentración y eficiencia. Tomamos nuestras decisiones de negocios con discernimiento, sin dejar que nuestro ego nos confunda. Estamos apoyados en la paz del *Plano Profundo y Absoluto,* desde donde surge nuestra fuerza, equilibrio y compasión.

Fluir con el río

> *"Si nada tienes, ¿qué puedes perder?*
> *Si nada eres, ¿qué puedes temer?".*
>
> Un Maestro Zen

Estoy en los negocios porque quiero ganar dinero, tener empleados a quienes motivar y socios con quienes compartir. Si me conecto con el ego, desearé ganar para ser alguien interesante, para demostrar que soy inteligente y sagaz. Pero resulta que, en lugar de ganancias, tendré pérdidas; entonces me sentiré un inservible, y sufriré un golpe en mi autoestima.

Si no me dejo manejar por el ego trataré de ser más objetivo en la forma de obtener ganancias y, lo que es más importante, cuando pierda, no me sentiré un inepto, sino que podré analizar las causas de lo ocurrido.

El ego suele ser reacio a aceptar que se equivocó. Si no lo controlo, no me dejará tomar la pérdida de aquellas operaciones o negocios en los que me haya equivocado, confundiéndome y obligándome a seguir con el lastre de algo que no funciona, cuando lo mejor sería pasar a otra cosa.

Los mercados, como el mar, también están gobernados por mareas que suben y bajan. En la Bolsa, debo conectarme con el *Plano Profundo y Absoluto,* seguir la tendencia y operar fluidamente dentro de ella. Si la tendencia es alcista debo comprar acciones, y si es bajista debo deshacerme de ellas. Podré utilizar un sistema que me dé señales de venta cuando la tendencia alcista esté cambiando, o de compra cuando la tendencia bajista esté virando al alza.

Mis mejores momentos en los negocios fueron generalmente en la Bolsa, cuando pude ver a mi ego en acción, separado de mí, y ver la situación desde la perspectiva del *Plano Profundo y Absoluto*. Fueron momentos en los que *fluía* con la tendencia, como el río, sin apasionamientos, sin alegría al ganar, ni tristeza al perder. En esas circunstancias logré tomar decisiones desapasionadas, con ecuanimidad y discernimiento. Fueron momentos en los que no sufrí y pude obtener lo mejor de la situación. Refugiarse en el *Plano Profundo y Absoluto* en momentos de estrés y angustia, es un bálsamo sedante.

El *Plano Mundano y Relativo* es el tiempo y lugar donde viven mi cuerpo, mi mente y mi ego como creencias de mi mente.

Pero en el *Plano Profundo y Absoluto* no existo indiferenciado del Universo, ni de las cosas. Todo está interrelacionado y no soy siquiera, como en esa bella imagen, una hoja flotando en el río, sino parte del río mismo.

A veces, cuando mi ego se presenta con toda su fuerza, trato de tener la lucidez de imaginar el río y sentirme tal. En ese momento, todo cambia en mí. Sigo actuando con discernimiento y con mis mejores cualidades para conseguir mi objetivo en la tarea, pero mi estado mental se modifica. Estoy tranquilo, alerta, seguro de mi camino y sin deseos ni aversiones. *Fluyo con el río. Soy río.*

El mundo, un lugar inhóspito

Todo lo que persigo en el *Plano Mundano y Relativo,* es fuente de sufrimiento. Si lo consigo, su satisfacción será transitoria y pronto volveré a desear otra cosa... o más de lo mismo. Todo aquello que quiera ser —o no ser, o dejar de ser—, se convertirá también en fuente de sufrimiento. Detrás de cada logro sólo habrá una satisfacción transitoria y luego recomenzará el aguijón del deseo.

A esta altura, algún lector desanimado se preguntará: pero entonces, ¿no hay que trabajar, ni esforzarse, ni formar familia siquiera? La respuesta es: ¡claro que sí!

Nuestra vida sería un caos si no planificáramos nuestras estrategias y objetivos.

Tratando de ser mejores en lo nuestro.

Amando y siendo amados.

Buscando y encontrando sentido a nuestra vida.

Practicando la ecuanimidad y aprendiendo a ser felices.

Es bueno disfrutar de las cosas, de los objetos, de los pequeños y grandes placeres, de la Naturaleza y de la Sociedad.

Pero... *sin aferrarnos ni apegarnos a nada*.

Desde el día que nacemos, nuestro único y verdadero capital, lo único que *realmente poseemos* es el *Tiempo* que nos queda por vivir. A partir de ese momento, ese capital, nuestro *tiempo vital*, se agota inexorablemente segundo a segundo. Llegado nuestro último minuto de vida, sólo habrá una pregunta importante.

¿He sido feliz?

El peor sufrimiento proviene de la ignorancia y de la confusión, y sólo de la sabiduría puede surgir la felicidad.

La persona sabia, no desconoce que el mundo es un lugar esencialmente inhóspito, poblado de dolor, sufrimiento, crueldad, odio e insatisfacción. Sólo un ignorante puede ser ciego ante esta realidad. Entonces, y mientras tanto, hay que vivir en el *Plano Mundano y Relativo*, sin olvidar que sólo es la superficie de nuestra vida. Y que nuestro único capital, nuestro tiempo vital, tiende a despilfarrarse por la ignorancia del ego.

Un Maestro les dijo a sus discípulos, quienes siempre le pedían palabras de sabiduría.
—La sabiduría no se expresa en palabras, sino que se revela en la acción.
Minutos después, al verlos trajinar metidos en actividades hasta las cejas, soltó una carcajada: —Eso no es acción. Es sólo movimiento —dijo.

Los imponderables hacen que el *Plano Mundano* sea *Relativo*. Porque, como dijo aquel multimillonario: "Todos mis millones desaparecen cuando me da un buen dolor de hemorroides".

INVERSOR Y MENDIGO EN MILÁN

Estaba en Milán por negocios. Era enero, y el clima frío y húmedo me había ocasionado un fuerte resfrío. En un momento decidí salir de mi hotel para comprar un antifebril, porque no me sentía bien. Tomé por la *Via della Spiga,* que es la calle donde se localizan las casas de alta costura. Llovía, y el viento me había mojado bastante. Me había puesto una campera impermeable y un gorro escocés con visera, que formaba parte de un viejo equipo multiuso reservado para viajar, y que ya tenía sus años; estaba calzado con zapatillas.

Como no encontraba una farmacia, busqué a quien me indicara dónde había una. Estaba al lado de una vidriera y, al ver pasar a una señora muy elegante me acerqué para preguntarle, en mi rupestre italiano, si conocía una farmacia. Ella me miró de soslayo y entró en el local acelerando el paso. Volví a intentar con otra, quien me observó con cierto desprecio y siguió de largo. La tercera, directamente se desvió unos pasos para evitarme.

Estaba sorprendido, ¡nunca me había ocurrido que me evitaran en la calle!

De pronto vi mi imagen en el espejo de una vidriera y encontré la respuesta al misterio. No pude menos que reírme de mí mismo.

¡Estaba vestido espantosamente, mojado, con ojeras, y al sacarme el gorro lo había retenido en la mano con la taza hacia arriba, como hacen los mendigos!

Mi tipo físico, normalmente, es el de un eslavo y, como ya expliqué, no importa qué idioma hable, todos me toman por extranjero. Pero, por el aspecto que tenía en ese momento, mi imagen pasaba perfectamente por la de un inmigrante ilegal de los Balcanes que salía a pedir limosna.

Ahí estaba yo, remontado a la época de mis abuelos y mi padre inmigrantes en las calles de Buenos Aires, vendiendo pastillas o lustrando botas.

Fue un buen recordatorio de lo *Relativo del Plano Mundano.*

¡Y un doloroso pero siempre bienvenido puntapié a mi ego!

Capítulo 8
La ecuanimidad

"Los extremos son como trampas o emboscadas. Permanece en el medio, pero ni siquiera al medio te aferres".

Buda

Un joven arquero lanza una flecha y acierta en el centro del blanco. Luego, con la siguiente flecha, da en el centro de la anterior y la parte en dos.

—Maestro, ya no tengo nada que aprender —le dice a su viejo Maestro.

—Sígueme —le dice el Maestro por toda respuesta.

Lo lleva al borde de un precipicio, se sube a un tronco que sobresale peligrosamente, y con toda calma carga su arco y tira una flecha al vacío.

—Ahora hazlo tú —le dice.

El joven se aproxima al precipicio temblando, y el vértigo de caer al abismo no le permite siquiera acercarse hasta el tronco.

El Maestro le dice: —Tienes mucha habilidad con el arco, pero ninguna para manejar la mente que lo dispara.

La Ecuanimidad

La ecuanimidad es un estado calmo y sereno de la mente, en el cual las emociones han sido apaciguadas. Igualdad y constancia de ánimo. Ecuanimidad significa tener balanceados los extremos emocionales, sin dejarse llevar por ninguno de ellos. El estado de ecuanimidad permite ser mucho más objetivo en la evaluación de los hechos y actuar en función de ellos, en vez de conducirnos emocionalmente. La persona ecuánime *acciona* objetivamente, mientras que la persona exaltada *reacciona* emocionalmente.

La ecuanimidad se vive como una vasta quietud mental, una calma lúcida que permite estar plenamente presente, sin por ello perder conciencia de las cambiantes experiencias que se van sucediendo, permitiendo *dejar pasar* las cosas, sin apegarse a ellas. Ecuanimidad significa cultivar el equilibrio de la mente, permite aceptar lo que sucede, sea del signo que fuere, y tolerar lo incomprensible de las cosas sin juzgarlas. Esta aceptación constituye una fuente de seguridad y confianza en uno mismo, ya que el rechazo o aversión hacia lo que nos desagrada, termina por debilitarnos.

La persona ecuánime está dispuesta a aceptar y experimentar todo lo que le caiga en suerte —ya sea agradable o desagradable—, sin rechazar ni amedrentarse ante lo nuevo o lo inesperado. La mente ecuánime está serena *como el agua del estanque tranquilo que refleja las estrellas*. Si la mente está agitada, su percepción de la realidad será confusa. Buscar la ecuanimidad no significa renunciar a las cosas agradables y gratificantes de la vida. Podemos seguir sintiendo alegrías, gozando de placeres sensoriales y de gratificaciones intelectuales. El punto a tener en cuenta —o la trampa a evitar—, es no apegarse o aferrarse a esas fuentes de alegría, placer o gratificación. Porque el ego siempre tratará de darles una trascendencia que en el *Plano Profundo y Absoluto* no tienen.

Por ejemplo, una madre amorosa cuidará a su hijo, le dará amor y confianza, lo protegerá del peligro, jugará y reirá con él. Lo cuidará cuando se enferme y sentirá preocupación hasta que recupere su salud. Lo educará para su bien y el de la sociedad. Cuanto más practique el estado mental de ecuanimidad, más evitará esta madre apegarse y aferrarse a su niño. Así conseguirá verlo, entenderlo y escucharlo en el momento presente, en el *aquí y ahora,* tal como su hijo es, y no en forma distorsionada por los filtros de sus emociones, lo cual redundará en una mejor educación y crianza.

El Camino del Medio

Buda dice que el ser humano está oscilando entre extremos de felicidad y sufrimiento, de placer y de dolor. Y que, en realidad, sólo la moderación —tanto en los actos como en los pensamientos y en la restricción voluntaria de los sentidos— conduce a la paz interior y al cese del sufrimiento. A esto lo llamó el *Camino del Medio,* la vía que está alejada de los extremos y que sólo se puede transitar con ecuanimidad.

Pero, ¿cómo hacer para no reaccionar ante las emociones y evitar descontrolarse?

¿Cómo lograr transitar por ese *camino del medio* entre emociones contrapuestas?

¿Cómo no sentir enojo ante la agresión?

¿Cómo no sentir tristeza ante la pérdida, o euforia ante una ganancia sustancial?

La respuesta es doble: primero, debemos aceptar que la ecuanimidad es un estado mental deseable y provechoso. Bastante tiempo hemos vivido con la creencia de que los deseos, las pasiones y las emociones deben ser liberadas, actuadas, sentidas y expresadas.

Los sentimientos y emociones parten mayormente de los pensamientos de la mente a los cuales Buda llamaba los *monos locos que saltan de rama en rama* y del ego, que es la parte más ignorante de nuestro ser. Incluso la moderna Psicología Cognitiva concuerda plenamente con esto al considerar que *los sentimientos no son hechos* y explicando cómo los sentimientos y emociones negativas se generan por *distorsiones mentales.*

¿Estamos convencidos de que queremos andar por el *Camino del Medio*? ¿O sólo queremos evitar la angustia que nos produce la pérdida, pero sí queremos sentir la euforia de las ganancias? ¿Queremos la borrachera, pero no la resaca?

Cuando hayamos aceptado realmente las ventajas de la ecuanimidad y deseemos alcanzar ese estado, entonces la segunda parte de la respuesta estará a nuestro alcance. Esta segunda parte se refiere a la Meditación y diferentes técnicas que enseñaron Buda y otros maestros, que nos facultan a aquietar la mente y dominar nuestras emociones, para permitirnos la conexión permanente con el *Plano Profundo y Absoluto.*

Más adelante, en el Capítulo sobre Meditación, profundizo más al respecto.

Este conocido cuento taoísta ilustra acerca de lo relativa que puede ser la suerte y de cómo se justifica la práctica de la ecuanimidad.

Un humilde granjero tenía un caballo al que utilizaba para labrar y transportar la cosecha, por lo cual sus paisanos lo consideraban afortunado. Pero un día el caballo se escapó. La noticia corrió pronto por el pueblo de manera que, al llegar la noche, los vecinos fueron a consolarlo por aquella grave pérdida.

—¡Qué mala suerte has tenido!

—Quién sabe... —fue la sencilla respuesta del granjero.

Pocos días después, el caballo regresó trayendo consigo dos yeguas salvajes que había encontrado en las montañas. Enterados los aldeanos acudieron de nuevo, esta vez a darle la enhorabuena y comentarle su buena suerte.

—Quién sabe... —volvió a contestar.

Al día siguiente, el hijo del granjero trató de domar a una de las yeguas, pero ésta lo arrojó al suelo y el joven se rompió una pierna. Los vecinos visitaron al herido y lamentaron su mala suerte.

—Quién sabe... —respondió el padre otra vez.

Una semana más tarde, aparecieron en el pueblo los oficiales de reclutamiento para llevarse a los jóvenes al ejército, pero el hijo del granjero fue rechazado por tener la pierna rota. Al atardecer, los aldeanos que habían despedido a sus hijos se reunieron en la taberna y comentaron la buena estrella del granjero, mas éste, como podemos imaginar, contestó nuevamente:

—Quién sabe...

Este cuento nos enseña que las cosas no son buenas ni malas en sí mismas, sino que el contenido que adquieran siempre está relacionado con otros sucesos. Que el caballo escapara era malo para el granjero, pero no para el caballo, que había alcanzado la libertad. Aunque fue bueno para el granjero tener dos yeguas, no lo fue para ellas, que perdieron su independencia. Que el hijo no fuera a la guerra era bueno para él mismo, pero no para el Rey, que contaría con un soldado menos, aunque sí era bueno para el Rey enemigo. O quizá no fuera bueno para el otro campesino reclutado en lugar del hijo del granjero.

Estos ejemplos nos hacen ver que las cosas o sucesos no tienen una cualidad intrínseca de bondad o maldad, sino que, en realidad, en ellas está latente un potencial de devenir en buenas o malas. Y, muchas veces, quien despierta ese potencial oculto es la persona.

El dolor es inevitable, el sufrimiento es opcional

> *"Las epidemias vienen por todos lados y se llaman: enfermedad, vejez y muerte. Lo único que se puede hacer es meditar, permanecer ecuánime y hacer buenas obras".*
>
> Buda

Buda enseña que el dolor es inevitable, y el sufrimiento, opcional. Depende de la persona, que el dolor se convierta en sufrimiento. También enseñó a evitar ese sufrimiento y lograr la felicidad, para lo cual debemos aprender a cultivar los estados mentales positivos.

Volviendo a mi Servicio Militar, recuerdo que uno de mis compañeros se encontraba muy alegre el primer día de la Instrucción, mientras todos los demás estábamos, deprimidos y asustados.

Él solía jugar al rugby, pero estaba gordo y sin buen estado físico. Por eso se sentía contento, porque decía que la fuerte ejercitación a la que se vería sometido, lo pondría en buen estado para volver a practicar su deporte favorito.

Y así fue. Se lo veía –entusiasmado en medio del barro y haciendo las más humillantes piruetas– cómo si vistiera la camiseta de su querido club. Mientras tanto, yo sufría, agotado y sin aire, en las carreras entre trincheras con casco, rifle y pala, al mismo tiempo que iba contando cada minuto y cada segundo, rogando para que se terminara el tormento.

Un año después, y ya de regreso en el mundo empresarial, decidí que era momento de ponerme en forma física. El *aerobismo* y el *jogging* estaban de moda y yo también comencé a practicarlo.

¡Qué hermoso era salir a correr por el parque y sentir esa deliciosa fatiga, la sensación de consumir calorías, transpirar y segregar estimulantes endorfinas! ¡Qué maravilla el aire matinal, la naturaleza y ese cansancio del deber cumplido! Incluso los días lluviosos tenían un encanto especial, con el olor de la tierra, el césped y las hojas mojadas.

Sin embargo, lo que estaba haciendo era aún más exigido que el ejercicio militar, ¡y lo hacía con agrado! El dolor físico era el mismo, pero la mente ponía la diferencia y, lo que en un caso era un sufrimiento, en el otro era un placer.

El estrés

Si el hombre de Neandertal se encontraba en peligro de ser atacado por un tigre, seguramente el temor lo obligaba a huir. Hoy, esta amenaza se ha extinguido; pero el ser humano se amedrenta de la misma manera y con igual intensidad ante otras situaciones, como al ser convocado por su jefe, cuando teme ser asaltado en la calle, o ante el miedo a una agresión verbal. Y esto es así, porque posee la misma complexión física y el mismo mecanismo de respuesta que su antecesor primitivo.

En el trabajo, en la calle, en su casa, el hombre está permanentemente expuesto a estímulos externos –visuales, auditivos, físicos–, muchos de los cuales son agresivos. Por ese motivo reacciona en forma desmedida y exagerada a la vivencia del peligro, como si estuviera a punto de ser atacado por un *tigre dientes de sable*, aunque sólo se trate de un encuentro casual con una persona antipática a quien hubiera preferido no ver. No vive en las cavernas, pero está impregnado de los mismos temores. Una reacción desmedida es un reflejo visceral y ciego, instintivo. La acción meditada es aliada de la razón y, en tal sentido, siempre será acorde con la conveniencia de la situación. Esto vale también para los mercados, donde emociones como la codicia –anhelo de ganar más y más–, y el miedo

–de perderlo todo–, son el origen de las peores decisiones de inversión.

El estrés es una reacción nociva y desmedida ante las agresiones de la vida. La ecuanimidad permite evitar tales reacciones y responder en forma racional y no emotiva. La diferencia es esencial, pues la *acción* es objetiva y se basa en la lectura de los hechos, mientras que la *reacción* es subjetiva pues parte de nuestras emociones.

Por eso, siempre pienso que depende de mí que la vida sea una montaña rusa o un tranquilo paseo en tren.

El monje y el guerrero

Una historia Zen cuenta de un feroz general ante quien todos los habitantes huían, temerosos de su ira. Pero un día se encuentra con que el Maestro Zen del pueblo se ha quedado meditando tranquilamente en su choza. El feroz guerrero, al ver que el otro no lo trata con la deferencia y sumisión a la que está acostumbrado, levanta su espada.

–¿Acaso no te das cuenta de que estás ante alguien que podría partirte en dos sin pestañear? –le pregunta colérico.

Y el Maestro le contesta: –¿Y tú no te das cuenta de que estás frente a alguien que se puede dejar partir en dos sin pestañear?

La ecuanimidad está en nuestra mente

Siempre me causa gracia ver en las revistas de decoración y arquitectura fotografías de ambientes minimalistas y despojados, que lucen tan bien en las imágenes. Nada en ellos es superfluo; su simplicidad y tranquila sencillez, calma los sentidos. Pero, ¡trate usted de vivir y mantener el orden en uno de esos ambientes!

Imagine el aspecto que tendrá el lugar luego de poner sobre el despojado lavatorio el cepillo de dientes eléctrico, la caja de remedios, pues si no están a la vista uno se olvida de tomarlos, las cremas femeninas, y si usamos lentes de contacto toda la batería de líquidos para la limpieza y conservación. En el dormitorio las gotas nasales, los anteojos, el despertador, los libros y papeles, las cartas y folletos de propaganda. Esto, suponiendo que uno sea ordenado y no tire por cualquier lado la ropa sucia, los zapatos y las pantuflas.

En la cocina, el ambiente despojado será destruido por la licuadora, la batidora y la tostadora, con sus colores estridentes y sus muchos cables. Y luego están las plantas, portarretratos, cuadros y otros objetos que un amigo o pariente se habrá encargado de regalarnos para arruinar el efecto *Zen* de nuestra casa. ¡Nada más estresante y complicado que vivir en un ambiente sencillo y tranquilizante!

La ecuanimidad no está en las fotos, ni en los ambientes que nos rodean, sino en nuestra mente.

El temple budista en la Bolsa

> *"Sé como un muerto, inafectado tanto ante los insultos como ante los halagos".*
>
> Buda

Nada mejor que ser budista para ser un buen *trader*. El budista es ecuánime, reflexivo, no se deja atrapar por la codicia, domina rápidamente el miedo. Posee el mejor estado mental para lidiar con los vaivenes del mercado. Entiende que todo está conectado entre sí y que él mismo es parte de ese entramado, aunque no pueda explicar las causas.

Si practica meditación, sabe y vive permanentemente el ir y venir de las sensaciones corporales y de los pensamientos, es un experto en el desapego, lo mejor para alguien que tiene que tomar pérdidas.

El budista practica con naturalidad eso de *ir con la corriente*. El fluir con el río siendo él también río. Seguir la tendencia no es una teoría, sino su vida misma.

El Sutra de la ecuanimidad

Luego de un día terrible en la Bolsa, en el cual yo había hecho todo mal, me puse a pensar en mis errores y, luego de encontrar todos los que había cometido, me puse a conjeturar qué hubiera dicho Buda si mágicamente se hubiera materializado en ese momento ante mí. Los discursos de Buda se llaman en sánscrito *Sutras*. Imaginé en boca de Buda este *Sutra del Hombre de Negocios;* lo imprimí, y lo pegué en mi escritorio.

Sutra del hombre de negocios

Siempre que he actuado con codicia, he perdido.
Siempre que he actuado con enojo, he perdido.
Siempre que he actuado con resentimiento, he perdido.
Siempre que he actuado con culpa, he perdido.
Toda acción a partir de estados mentales negativos lleva a la pérdida.
Sólo la acción realizada desde el estado de ecuanimidad, puede dar ganancia.

Capítulo 9
La cólera

El enojo y la ira

Un feroz guerrero samurai se presentó ante un Maestro Zen y le preguntó:
—Maestro, dime, ¿qué es el Infierno y qué es el Cielo?
—¿Quién eres tú, que entras en mi casa vestido ridículamente y pretendes entender cosas demasiado complicadas para tu cerebro? —le dijo el Maestro mirándolo con indiferencia—. Además, ¿qué es esa espada insignificante que tienes colgando de la cintura? No harías daño ni a una mosca con ella.
El guerrero montó en cólera, y, rojo de ira ante el insulto, desenfundó su espada dispuesto a decapitar al ofensor.
El Maestro lo detuvo con un gesto y le dijo: —Eso es el Infierno.
El guerrero comprendió de inmediato, bajó su espada en completa calma e hizo una reverencia.
—Y ese es el Cielo —le dijo el Maestro.

De nosotros depende vivir en el Cielo o en el Infierno. La ira, el enojo, el resentimiento son el Infierno que nosotros creamos. La calma, la ecuanimidad, la paz, son el Cielo.

Pasamos parte de nuestras vidas como el samurai, reaccionando con enojo ante lo que creemos son ofensas, insultos o injusticias, pero ello sólo nos causa sufrimiento. La felicidad no es otra cosa que paz interior.

¿Discutir o negociar?

Muchos hombres de negocios se comportan con rudeza innecesaria, por temor a ser considerados seres débiles o fáciles de
estafar. Esto sólo sirve para empeorar el ambiente de trabajo,
crearse enemigos internos y externos, exponerse a discusiones,
tensiones e, incluso, a litigios legales. Sufren por su enojo y
hacen sufrir a quienes los rodean.

*Una leyenda cuenta que, en una aldea, una venenosa serpiente
cascabel había mordido a tantos habitantes, que muy pocos se
atrevían a aventurarse en ella. Era tal la fama de Buda, que se
corrió la noticia de que había logrado domesticarla y convencerla
de practicar la disciplina de la no-violencia.*

*Al poco tiempo, los aldeanos descubrieron que la serpiente se
había vuelto inofensiva, de modo que se dedicaron a arrojarle
piedras y llevarla de un lado a otro tomándola de la cola. La
pobre y apaleada serpiente se arrastró una noche hasta la casa del
Maestro para quejarse y éste le dijo: —Amiga mía, has dejado de
atemorizar a la gente y eso no es bueno.*

*—¡Pero si fuiste tú quien me enseñó a practicar la disciplina de
la no-violencia! —respondió ella.*

—Yo te dije que dejaras de hacer daño, no de silbar.

Las discusiones son frecuentes en el mundo de los negocios,
donde es habitual reñir con socios, empleados, clientes, pro-
veedores. También ocurre en la familia, con los hijos, el cón-
yuge, los hermanos. Los políticos pugnan entre sí y con los
periodistas.

Aquel que vive en continua disputa, demuestra *ira* y *enojo*.
La controversia lejos está de ser creativa, ya que en ella cada
persona intenta modificar ciegamente el pensamiento de la
otra.

Buda alienta a cultivar la Recta Palabra:

"Evitar criticar y alentar la armonía y no el desacuerdo, evitar el uso de lenguaje grosero, ser cortés, amable y comprensivo, evitar la charla frívola, irresponsable y tonta".

En lo personal, debo decir que hace años que he dejado de discutir. Cuando una persona piensa distinto que yo, no trato de cambiar sus pensamientos. Sólo expreso los míos, pero sin argumentar. Es el *ego* el que quiere encontrar al otro en falta. Y así, sólo se alientan la *ira* y el *enojo*.

Todo cambia cuando entendemos que *no hay nada que ganar* en una discusión. Cultivar el *diálogo* como forma de comunicación y desacostumbrarse a discutir es una forma eficaz de evitar el estrés y coincide plenamente con la *Recta Palabra* que recomienda Buda. Sólo el *diálogo* es un intercambio de ideas que supone la aceptación implícita del pensamiento del otro como punto de partida del propio, en una reciprocidad que permite superar diferencias, negociar y llegar a acuerdos constructivos. Sólo desde este pensamiento en común, es posible negociar en términos mutuamente convenientes. Cuando dos personas dialogan, ambas se enriquecen.

El diálogo es el arte de pensar juntos.

Si la opinión de mi interlocutor me molesta, debo negociar con él en lugar de rivalizar. En una discusión sólo triunfa el *ego*, mientras que si hay diálogo, ambas partes salen victoriosas.
Buda dice:

"Los hombres usan su lengua como un estilete, para herirse los unos a los otros".

Nos descuidamos respecto de lo que decimos, pero la palabra puede hacernos un gran bien, o mucho daño.

En los negocios, cuando el *ego* toma el mando de nuestros actos, la palabra se convierte en el estilete que menciona Buda, con el cual herimos al otro y a nosotros mismos.

Buda nos recuerda:

"Nunca hables con violencia, porque rebotará hacia ti. Las palabras de ira hieren y te devuelven sufrimiento"

La mayoría de las veces, ese tipo de razonamiento erróneo se produce, simplemente, porque hacemos una pregunta esperando que nos contesten exactamente lo que deseamos oír; si nos dicen lo contrario, lo tomamos como una ofensa, pues despierta la *ira* en nuestro *ego*.

El siguiente cuento ilustra con ironía el valor de la *Recta Palabra*, y de hablar sin herir los sentimientos del otro.

Un Rey consultó a dos magos de su región.
—¿Cómo va a ser mi vida y la de mis parientes?
—Todos tus parientes han de morir. Por cada diente que se te caiga, morirá uno de ellos —le dijo un mago.
El Rey, iracundo, ordenó matarlo.
El otro mago, en cambio, respondió —Vas a sobrevivir a todos tus parientes. Tendrás una vida longeva.
Y el Rey lo premió por su sabiduría.

VIVIR EN EL MOMENTO PRESENTE

"El futuro nos tortura y el pasado nos encadena. Por eso nos perdemos el presente".
Gustave Flaubert

La impaciencia es enojo ante el momento presente; y, en tal sentido, una clase de *ira* que nos lleva a querer huir al futuro... que aún no existe.

El momento presente es distinto del anterior y, en ese fluir, cada cosa se modifica segundo a segundo. Aunque la mesa que tengo delante parezca un objeto inerte, la realidad es que está cambiando todo el tiempo. Es una masa de energía en constante transformación, compuesta por átomos y electrones en movimiento.

Buda nos enseña la importancia de vivir el presente, lo único real, ya que el pasado no existe y el futuro aún no es. Cuando la mente deambula entre esos dos momentos inasibles vive en la irrealidad, y es entonces cuando surge la impaciencia.

Cuando me enojo, mi *ira* queda enmascarada bajo el sentimiento de la injusticia, del orgullo herido, o de cualquier otra causa que la haya desatado. Así es como sólo veo el objeto de mi enfado: el taxista que hizo la mala maniobra, el empleado público que me contestó de mal modo, o el tipo que me plantó. Pero me resulta difícil ver a la *ira* misma y al sufrimiento que me produce. Es importante aprender a reconocer a la *ira* en sí misma como una emoción negativa y separarla del hecho que la generó. De esa forma podemos actuar en forma ecuánime y razonada, y evitar el sufrimiento que produce. La *ira* es una emoción insalubre y negativa que, a la vez, nos causa indignación y enojo, y nos pone en contra de nuestro oponente, en un círculo vicioso de ataque y defensa.

—¿No odias a los chinos por haber invadido a tu país? —le preguntaron en una oportunidad al Dalai Lama.
El Dalai Lama contestó: —"Me robaron mi país. ¿Por qué les dejaría robarme mi mente?".

La culpa y el remordimiento son otras maneras en que se manifiesta la *ira*. Me culpo por haber actuado —o no haberlo hecho—, de determinada manera en el pasado, y su evocación me provoca sufrimiento. Sufro por algo irreal; luego, mi dolor carece de sentido.

En los negocios —y especialmente en la Bolsa—, el remordimiento es una segura receta para cometer nuevos errores y, por lo tanto, obtener nuevos fracasos.

Se debe aprender de las equivocaciones, pero nunca lamentarse por haber actuado errado.

Se atribuye al gran especulador Jesse Livermore esta frase:

"Cuando uno se equivocó y no toma la pérdida, daña a su billetera y a su alma".

LOS ESTADOS MENTALES

"El hombre orgulloso no tiene cielo.
El hombre envidioso no tiene amigos.
El hombre iracundo no se tiene
siquiera a sí mismo".

Buda

Todo lo anterior se relaciona con lo que Buda llamó *estados mentales*.

Los hay de dos clases:

Saludables, que tornarán pura a la mente
- Paz interior
- Tranquilidad
- Satisfacción
- Amor
- Benevolencia
- Ausencia de deseo
- Desapego

No saludables, que corresponderán a una mente impura
- Ansiedad
- Codicia
- Insatisfacción
- Ilusión
- Odio, enojo, ira
- Malevolencia
- Apego

Estos estados son interiores; es decir, no dependen del *afuera*. Limpiar la mente no nos convertirá en monjes tibetanos, pero nos conducirá a una vida más ecuánime y feliz.

¿Qué debería hacer si compré acciones pensando que subirían y ocurre lo contrario? Enojarme contra el mercado seguro que no, ya que al comprar una acción se supone que debo planificar qué haré en caso de que ésta baje. Pensar que sólo habrá de subir es vivir en la ilusión, un estado mental insalubre, y cuando el precio caiga estaremos a merced de nuestro miedo, sin saber qué hacer. Por eso es que siempre se debe tener una estrategia de salida por si las cosas no van en la dirección esperada. En el caso de la Bolsa, suelo usar el *stoploss* o límite de pérdida, para acotar las perdidas en las bajas. Pero en los negocios en general, si la planificación es hecha con estados mentales negativos, seguramente no tendrá la objetividad necesaria para ser exitosa. Hay un neologismo en inglés: *intowishing*, que es una mezcla de *intuition*: intuición y *wishing*: desear. Se refiere a que muchas veces confundimos el sentimiento intuitivo de lo que puede ocurrir, con un mero deseo de que eso ocurra.

Al venir a este mundo de dolor lo hacemos llorando; sufrimos calor, frío, enfermedades, deterioro físico y mental y, finalmente, morimos; pero ese sufrimiento dependerá de cómo hayamos amaestrado a nuestro *ego*. Y, al evitar el estado mental de la *ira*, no agregaremos angustia a nuestros negocios, ni a quienes nos rodean.

Un necio que sabía de la ecuanimidad de Buda, se acercó un día a él y comenzó a insultarlo. Buda se mantuvo en silencio, compadecido del ignorante que lo vilipendiaba.

Éste, enojado por la pasividad del Maestro, siguió humillándolo hasta que se le acabaron las palabras.

Entonces Buda le dijo: —"Si alguien no acepta el regalo que otro quiere darle, el regalo queda con él. Yo no acepto tus injurias y esas palabras quedarán en ti. ¿No te harán mal? Así como el eco pertenece al sonido y la forma al cuerpo, el mal consume al autor del mal".

Cuando se es objeto de un insulto o una ofensa adrede, se debe permanecer ecuánime, *sin aceptar* la ofensa *ni reaccionar por ella*, de modo que quede en quien la profirió.

Capítulo 10
La meditación

Un momento en el lago de Lucerna

Cuatro monjes decidieron meditar en silencio durante dos semanas. Por la noche, una brisa apagó la vela que los iluminaba.
—¡Oh no! ¡Se apagó la vela! —dijo el primer monje.
—¡Se suponía que no íbamos a hablar! —señaló el segundo.
—¿Por qué ustedes dos rompen el silencio? — preguntó el tercero.
El cuarto monje rió y dijo: —¡Aja! ¡Soy el único que no habló!

Los monjes experimentaron los cuatro obstáculos comunes a la hora de meditar. El primero se preocupó por la vela, un elemento mundano; el segundo se alarmó más por las reglas que por la meditación en sí misma. El tercer monje se dejó llevar por la ira ante los dos anteriores y el cuarto, por su ego.

Cuenta una historia Zen acerca de un monje que fue a vivir a una caverna y, durante mucho tiempo, se dedicó a pintar en la pared la figura de un tigre feroz. Una noche, trastornado y aterrorizado por la figura, salió corriendo para no volver nunca más.

Así hace nuestra mente muchas veces. Nos dedicamos a *pintar* imágenes terribles en nuestro pensamiento y, al final, terminamos asustándonos de ellas. La meditación nos ayuda a amaestrar la mente.

Buda dice:

"Los pensamientos son como *monos locos* saltando de rama en rama. Tiemblan se sacuden, y vagan a su completo antojo. Tu peor enemigo no te puede dañar tanto como tus pensamientos. Es bueno vigilar los pensamientos, pues si se mantiene el control de la mente se va en camino hacia la felicidad".

VOLUNTAD Y DISCIPLINA

Buda nos dice:

"Ante la ganancia y la pérdida, la victoria o la derrota, mantén la *Bendita Indiferencia*".

Nadie discute hoy los beneficios de esta práctica milenaria. Las personas que meditan viven con mayor *ecuanimidad*, reaccionan mejor ante los medicamentos si padecen enfermedades, y consiguen esa paz interior inseparable del sentimiento de felicidad. Incluso en las cárceles han comenzado a hacerse retiros de meditación Vipassanna con muy buenos resultados, ya que les permite a los reclusos sentir la dicha de ver disminuido su sufrimiento y de tener algunos momentos felices. Además, se han efectuado algunos estudios y ellos demuestran que, al ser liberados tras cumplir su condena, disminuye el porcentaje de reincidencia entre quienes han realizado el retiro de meditación. También rezar tiene efectos positivos en muchos aspectos, ya que se trata de verdaderos *mantras*, sonidos o imágenes utilizados como objetos de concentración.

Al meditar, me esfuerzo por permanecer en el momento presente. Tal inmovilidad constituye un ejercicio de no-reactividad. La disciplina y la voluntad son tremendamente importantes para el budismo, ya que esta filosofía parte de que el sufrimiento es una condición humana, y la felicidad es el resultado de prácticas disciplinarias orientadas a la no-acción.

Al meditar, me concentro en la respiración y voy recorriendo mentalmente la totalidad de mi cuerpo, a fin de observar todo aquello que va surgiendo... como si estuviera contemplándolo desde afuera, desde una sensación física simple –frío, escozor–, hasta una emoción presente en mí en ese instante –miedo, angustia–. La meditación me torna más sensible a ellas.

A cada instante, todo nuestro cuerpo produce millones de reacciones químicas que, a su vez, nos provocan miles de sensaciones. Esos efectos pueden ser de tres tipos: *agradables, desagradables* o *neutros*. Es evidente que no somos conscientes de la mayoría de ellos. Pueden ser de: frío, calor, presión, relajación, contracción, ardor, cosquilleo, picazón, dolor, rubor, escalofrío, temblor, vibración, etc. Sólo un bajo porcentaje llega a nuestra conciencia. Sin embargo –y aunque no estemos atentos a ellas–, las sensaciones van y vienen permanentemente por nuestro cuerpo: superpuestas, simultáneas o por separado. Nuestra forma de reaccionar ante una situación, dependerá de lo que estemos experimentando en ese momento. Éstas afectarán nuestro pensamiento y nuestra actitud. Si la sensación es agradable, nuestros pensamientos tenderán a la conformidad de la situación y al apego; si, por el contrario, son desagradables, nuestra mente se inclinará al rechazo o aversión. La meditación permite percibirlas, identificarlas y aprender a no reaccionar ante ellas. O sea, a permanecer ecuánime ante lo agradable, lo desagradable y lo neutro.

Quiere decir que la meditación es una suerte de auditor corporal que me permite tomar pleno control de mis emociones para actuar en forma adecuada, en lugar de reaccionar en forma desmedida. Este esfuerzo conduce a la ecuanimidad.

"Los tontos rechazan lo que ven, no lo que piensan; los sabios rechazan lo que piensan, pero no lo que ven", Huang Po.

La meditación nos enseña lo impermanente de las
sensaciones, nos aleja del pensar y nos acerca al ver.

LAS CINCO CONTEMPLACIONES

La siguiente es una antigua meditación budista del Tibet. Sus
enunciados son profundos, francos y duros. Resumen en pocas palabras la realidad de nuestra condición humana.
1. No existe modo de escapar al envejecimiento, yo también seré viejo.
2. No existe modo de escapar a la degradación física, mi
   cuerpo también se debilitará.
3. No existe modo de escapar a la muerte, yo también he
   de morir.
4. Todas las cosas y todos los seres cambian, hemos de
   separarnos incluso de los seres amados.
5. Mis actos permanecen siempre conmigo como huellas.
   Sólo mi *Karma* me acompañará cuando muera. Mi
   Karma es la base sobre la que me encuentro.

Tengo una copia de esta meditación sobre mi mesa de luz.
Trato de leerla y reflexionar sobre ella cada vez que puedo, y
siento una sensación de alivio y ligereza luego de hacerlo.

Es como una luz que me calma y me guía.

UN MOMENTO EN EL LAGO DE LUCERNA

Hace un tiempo me reencontré con mi amigo José, que vive en
Suiza y con quien no nos veíamos ni nos habíamos comunicado
desde hacía dos años. Nos merecíamos una profusa actualiza-
ción de nuestros respectivos estados existenciales y anímicos.

Una fría tarde de enero, caminábamos por la orilla del lago
de Lucerna, en el centro de Suiza, discutiendo acerca de la feli-

cidad. En un momento yo trataba de explicarle la idea budista del tiempo, según la cual el momento presente es lo único real, ya que el pasado ya no existe y el futuro aún no llegó.

Al pasar junto a un banco vacío que miraba hacia el lago, las gaviotas y el Monte Pilatos, lo invité a sentarnos. Era un momento especial para vivir el *aquí y ahora,* pues el paisaje en el atardecer invernal lo propiciaba. No obstante, continuamos hablando del pasado, el futuro y el presente. Le propuse a mi amigo practicar por unos momentos el *aquí y ahora* que el encuentro y el escenario merecían. Finalmente, tuvimos ese momento de quietud y calma en el *presente,* el cual conservo con intensidad y claridad fotográfica, mucho más que el resto de las horas en las que estuvimos caminando y conversando animadamente.

Nuestra vida debería consistir en una sucesión de momentos de intensa vigilancia del presente, para así poder detener el flujo incesante de pensamientos y tomar conciencia del paso del tiempo.

El Yoga como meditación

El Hatha Yoga puede ser una alternativa a la meditación. La práctica del Hatha Yoga y sus posturas, llamadas *asanas,* posibilita ingresar en estados meditativos de mucha concentración. Personalmente, encuentro al Yoga muy eficaz. El Yoga tiene, además, muchas ventajas desde el punto de vista de la salud física, aunque no me voy a extender aquí en ellas.

Pero sí quiero destacar que la concentración de la mente en la respiración, los movimientos, la tensión y relajación muscular, se convierten en una gran práctica meditativa. También se puede combinar la práctica de algunas posturas y algunos minutos de meditación inmóvil antes o después.

"El cuerpo es el vehículo del Alma", dicen en Oriente. El yoga es un excelente conductor para ese vehículo.

Nos dice Buda:

> "La mente es como un estanque siempre agitado que refleja su propia turbulencia. Meditar, significa aquietar la mente hasta lograr la perfecta calma".

La meditación es nuestra práctica y camino para encontrar la paz interior. No meditamos para encontrar paraísos, experiencias sobrenaturales o sensaciones psicodélicas. Quienes buscan luces de colores hoy en día, pueden ir a una discoteca. Encontrarán todos los efectos visuales y sonoros que puedan imaginar, junto a muchas personas que toman "drogas de diseño" para experimentar estados agradables y amorosos. Pero todo eso es efímero y sólo hay vacío y tristeza cuando finalizan sus efectos.

Meditamos para dejar de sufrir, aquietando la *mente* y el *ego*. Creo que cada cual debe probar con el estilo, forma y tiempo de meditación que le convenga. El resultado se mide en paz: paz mental, paz interior.

Una amiga me contó una divertida anécdota del Dalai Lama.

Estaban en una conferencia, e hicieron una pausa para meditar. Luego de la meditación el Dalai Lama preguntó cómo les había ido.

—¡Oh, fue increíble! ¡Me sentí transportado a otro mundo, otra dimensión donde todo era bondad y belleza multicolor, fue una experiencia maravillosa! —contestó uno de los asistentes.

El Dalai Lama le respondió con una sonrisa compasiva: —no importa, no se desanime, ¡siga intentándolo!

Capítulo 11
El miedo

El mundo es un lugar peligroso

> *"Cuando alguien te insulta agradécele*
> *en tu interior, porque es tu maestro de*
> *ecuanimidad y autodominio".*
>
> Buda

A los ocho años vivía en mi barrio natal de Colegiales, en Buenos Aires. Hacía unas pocas semanas que tenía mi propia bicicleta. Era una noble Phillips inglesa, con frenos a varilla, que había pertenecido a mi madre y que, luego de muchos años de inmovilidad, mi padre había arreglado para que yo la pudiera usar. Incluso la había pintado de un brillante color azul metalizado que yo mismo había elegido. Recuerdo pocas sensaciones tan excitantes y placenteras como la de salir a la vereda a dar vueltas a la manzana.

Las veredas tenían las típicas baldosas cuadradas de veinte centímetros de lado con cuadrados interiores más pequeños, para evitar los resbalones. La rueda de la bicicleta vibraba al pasar por esos cuadrados, produciéndome un agradable cosquilleo en todo el cuerpo. La frescura del aire, la velocidad y la sensación de control, completaban el éxtasis total.

Con el pasar de las semanas había comenzado a cruzar las calles y, progresivamente, comencé a alejarme a zonas desconocidas de mi barrio. A tres cuadras de mi casa había un gran

107

terreno baldío de casi una manzana. Dentro de él se había formado un camino que tenía algunas pequeñas lomas y un día descubrí que era divertidísimo pasarlas con la bicicleta a cierta velocidad. ¡Muy lejos estaba aquello del bici-cross actual!

La extensión de ese camino debía ser de unos cincuenta metros, pero es sabido que en la infancia todo se magnifica y, para mí, era un verdadero circuito de aventura en la naturaleza, aunque en vez de animales salvajes o indígenas hostiles, los mayores peligros residían en las botellas rotas y latas oxidadas que algunos transeúntes arrojaban a ese cuasi basural.

Durante semanas disfruté en soledad de ese pedazo de mundo, hasta que un día sucedió algo inesperado: en medio del camino me topé con dos chicos. No pude continuar, ya que ellos me detuvieron. Eran un poco mayores que yo, quizás tuvieran diez años.

Uno de ellos, el líder, tomó el manubrio de la bicicleta y comenzó a molestarme con preguntas y burlas, de las que recuerdo una especialmente.

—*¿Vos qué sos, de dónde sos?*
—*Argentino —le contesté.*
—*¡Argentino, chupa-vino! —me replicó.*
Yo me reí nerviosamente, ¡quería escapar!
—*Dame la bicicleta para dar una vuelta —me dijo con cara de pocos amigos.*
—*¡No, no! —me defendí gritando mientras intentaba sacar su mano del manubrio.*
Él me pegó un puñetazo en el brazo, y en ese momento me puse a llorar lleno de angustia y temor.
—*¡Dejalo! ¿No ves que está llorando? —le dijo el otro chico al líder.*

Como respondiendo a un incierto código de honor —en el cual no se abusa de una víctima que a través de su llanto mani-

fiesta su derrota–, se apartaron del camino con palabras bur-
lonas y yo huí pedaleando velozmente, para no volver nunca
más a ese lugar.

Este episodio fue objetivamente tan mínimo, que no podría
creerse que haya tenido tanta influencia en mí. Los chicos no
eran delincuentes, quizás un poco patoteros, pero nada de lo
que hoy se podría encontrar: ni drogados, ni armados. Si bien
abusaron de su poder, no me sacaron la bicicleta, no me las-
timaron y ni siquiera insultaron. Su "¡argentino chupa-vino!"
me sonó a poesía de albañal, y hasta me pareció burdo y poco
imaginativo. Tampoco hubo ninguna mención anti-semita o
burla a mi aspecto o condición física. Sin embargo, ese día mi
mundo se derrumbó.

Ese día descubrí que en cualquier momento y lugar, y aunque me sintiera seguro, dueño de mi destino y disfrutando
del momento, *algo* podría ocurrir que me arrebatara mi libertad, mi alegría, mi propiedad más atesorada y me golpeara tan
fuerte en mi amor propio como para no volver a ser la misma
persona. Ese día aprendí que el mundo era un lugar peligroso.
Que tenía que cuidarme de sus riesgos. Que los caminos soña-
dos tenían la factibilidad de convertirse en trampas dañinas, y
que toda mi entereza podría flaquear ante una agresión, dilu-
yéndose en mis propias lágrimas.

Años después, en mis experiencias de negocios, volví a sentir
esa sensación de que *algo* malo podía ocurrir. Y, de hecho,
muchas veces el peligro se materializó en realidades desagradables: fui víctima de demandas judiciales injustas y alguna
que otra estafa.

Al igual que el episodio de mi bicicleta, ninguno de esos
avatares fue objetivamente demasiado serio, y siempre logré
recuperarme, aunque sufrí angustias y desvelos.

Pero hay un hilo que une en mi memoria estos sucesos in-
gratos. Es un hilo de miedo: miedo de malograr lo que se
tiene, miedo de ser dañado y miedo de perder la seguridad

de lo conocido. Miedo de mi pobre ego vapuleado sin piedad porque se empeña en creer que existe lo permanente, lo inmutable. Miedos mundanos.

Esos chicos del barrio me enseñaron algunas cosas de valor, pero tardé muchos años en estar preparado para ser alumno y aprenderlas.

Una frase del budismo Zen dice:

"Cuando el alumno está listo, el Maestro aparece".

A veces las enseñanzas pasan cerca de nosotros sin que las veamos, permaneciendo escondidas como semillas en nuestra memoria. Llega un día en que florecen y se nos devela un misterio, o queda súbitamente armado el rompecabezas de nuestra vida.

Capítulo 12
El Karma: como las huellas
del carro

"Cuando se cometió una mala acción
nada queda secreto, pues tu propio yo
sabe qué es verdad y qué es mentira".

Buda

Cierta vez, alguien le pidió a Buda que le explicara su enseñanza en una sola frase, a lo que él respondió:

"Todo está condicionado".

Nuestras acciones anteriores condicionan nuestro futuro. La palabra *Karma*, en sánscrito significa acción, ya sea mental, verbal o física: pensamientos, palabras o actos.

Así, tanto las palabras como los pensamientos, al ser acciones, también son *Karma*. Y no se lo debe confundir con el Destino, la Suerte o la Predestinación –como coloquialmente suele usarse en forma errónea–, pues significa exactamente lo contrario, ya que el *Karma* se construye con acciones voluntarias, asumiendo el libre albedrío de todos los seres humanos.

Nos dice Buda:

"Los seres son dueños de sus actos, herederos de sus actos, hijos de sus actos, están sujetos a sus actos, dependen de éstos. Todo acto que cometan, sea bueno, sea malo, de aquel acto heredarán".

Toda acción, buena o mala, imprime una huella que influenciará nuestra vida.

Nuestras acciones son hijas de nuestras intenciones. Sin mala intención, no existe mala acción, pero cuando la intención no es buena, tampoco lo será la acción.

Dice Buda:

> "La leche fresca tarda tiempo en agriarse. Así, el daño que hace el ignorante tarda tiempo en alcanzarlo; pero, como las brasas de un fuego, arde dentro suyo".

La intención está directamente ligada a nuestros deseos de lo que queremos que ocurra, y a la razón por la cual queremos que suceda eso y no otra cosa. El dicho popular de que *lo que importa es la intención*, es muy sabio; pero la intención debe ser vista también desde el prisma multicolor de la emoción y los deseos.

Por ejemplo, si realizamos una donación a un Hospital Público la intención será distinta según lo hagamos por pura compasión hacia los enfermos o para *quedar bien* ante nuestras relaciones sociales. Y el efecto sobre nuestro *Karma* será distinto.

Buda nos recuerda:

> "Porque todo lo que haces, te lo haces a ti mismo".

Un socio mío observó con humor: "El Karma es lo que en el negocio de *Fund Management* llamamos el *track record;* o sea, el historial de buenos o malos resultados de las inversiones realizadas. Uno va dejando marcas –buenas o malas–; éstas, a su vez, condicionan resultados –buenos o malos– que, finalmente, nos abren o cierran caminos".

Todos los días interactuamos con socios, empleados, clientes y demás relaciones de negocios. Detrás de cada acto nuestro hay un pensamiento, y detrás de éste una intención. La intención depende del estado mental. Y el estado mental depende de la práctica que hagamos para mantenernos ecuánimes, dominar nuestro ego y evitar así la *codicia*, la *ira* y otros estados mentales negativos. De esta forma podemos diariamente ir *construyendo* nuestro mejor *Karma* al evitar incurrir en malas acciones.

Buda menciona diez malas acciones:
- Matar
- Robar
- Cometer adulterio
- Mentir
- Usar un lenguaje inmoral
- Murmurar
- Calumniar
- Codiciar
- Encolerizarse
- Ser malpensado

También las clasifica según el acto fuera realizado con la mente, la palabra o el cuerpo:
- *Mentales*: avaricia, mala voluntad, criterios erróneos.
- *Verbales*: mentir, difamar, pronunciar malas palabras, hablar neciamente.
- *Corporales*: matar, robar, copular indebidamente.

La buena filantropía

Buda dice que la fuerza del *Karma* de una donación depende de tres factores:

1. La pureza del que dona.
2. La pureza de la forma como obtuvo lo que dona.
3. La pureza del que la recibe.

Esto significa que el rico que no obtuvo de forma correcta su dinero, no está generando un buen *Karma* cuando lo da. El dinero obtenido por medios incorrectos causa sufrimiento a quien lo gana y a quien lo recibe. Pero también es importante a quién se dona, pues si esta persona lo utilizara mal, o para hacerse daño a sí mismo o a otros, no genera un buen *Karma* en el donante.

Buda nos recuerda:

> "Así como el ignorante puede ser feliz hasta que el daño que ha causado se torne en su contra, un buen hombre podrá sufrir hasta que su bondad florezca".

Todo esto nos lleva a pensar en la responsabilidad y compromiso filantrópicos que debe superar la mera caridad o beneficencia, para comprometerse y hacerse responsable de los efectos de sus donaciones. También nos obliga a profundizar en nuestra intención al donar. Muchas veces donamos por temor, y no por amor. En el caso del Hospital Público anterior, si yo dono para *quedar bien* ante otros, en realidad estoy donando por temor: el de *no quedar bien*. Mi estado mental es de temor y no de compasión por los necesitados. Luego, eso no es buen *Karma*.

Muchas donaciones son hechas por Relaciones Públicas. Incluso es práctica común en las Empresas, realizar donaciones por intereses comerciales. Esto debe ser tomado como lo que es: una transacción comercial con esa intención, o una acción de marketing encubierta. Profundizar en las intenciones que motivan nuestros actos es muy sencillo si lo practicamos cotidianamente, y sus beneficios son inmediatos: paz interior y buen *Karma*.

Una acción —sea física, verbal, o incluso mental—, es buena si no lleva al sufrimiento de uno, de otro o de ambos.

Una acción —sea física, verbal, o incluso mental—, es mala si lleva al sufrimiento de uno, de otro o de ambos.

Nos dice Buda:

> "Si una persona habla mal y vive con malos pensamientos, el sufrimiento lo sigue como a las ruedas siguen las huellas del carro. Si una persona habla y vive con buenos pensamientos, la felicidad lo sigue como la sombra que nunca lo abandona".

Capítulo 13
El día a día

Los Ocho Vientos

"Dado que todas las guerras se libran en las mentes de los hombres, es en dichas mentes en donde debemos construir la fortaleza de la paz".

Buda

Un ventoso día, dos monjes discutían bajo un árbol.
—Te digo que lo que se mueve es el árbol, no el viento —decía el primero.
—Y yo te digo que lo que se mueve es el viento, no el árbol objetó el segundo.
Un tercer monje pasó por allí y dijo: —No se mueve el viento y tampoco el árbol. Son vuestras mentes las que se mueven.

El Budismo tibetano −nacido entre los vientos huracanados del Himalaya− enseña a vivir con serenidad y compostura perfectas, sin dejarse inclinar ni un centímetro por las influencias mundanas llamadas los *Ocho Vientos.*

De los ocho, cuatro son favorables y deseados, y cuatro son adversos y no-deseados.

Favorables y deseados
- Alabanza, orgullo
- Honor, fama
- Placer
- Prosperidad, ganancia

Adversos y no-deseados
* Censura, denigración
* Deshonra, vergüenza
* Dolor, sufrimiento
* Decadencia, pérdida

Buda nos enseña que no se debe vivir a merced de estas influencias: ni de las desagradables, como así tampoco de las cuatro agradables.

Podemos usar los *Ocho Vientos* mundanos para examinar nuestras motivaciones y acciones. Representan cuatro pares de estados opuestos a los cuales nos apegamos, o de los cuales escapamos: nuestros *apegos* y *aversiones*.

Generalmente somos ciegos a sus maneras de manifestarse, pero si los detectamos y controlamos, podemos desarrollar nuestra *ecuanimidad*.

Incluso podemos usar estas ocho pautas como guía cotidiana de auto-observación de nuestras emociones.

* Placer y dolor: lo agradable y lo desagradable
¿Cuántas veces nos estancamos persiguiendo el placer y el entretenimiento y evitando la incomodidad? La sabiduría consiste en dar un paso al costado, y en no dejarse llevar por estas sensaciones.

* Ganancia y pérdida: poseer más, o menos
Medir nuestra vida por cuánto ganamos o perdemos nos ata a un mundo de cosas y posesiones, y nos impide conectarnos con el *Plano Profundo y Absoluto*, alejándonos de la *Paz Interior*.

* Elogios y culpas: lo bueno y lo malo
Al buscar el elogio o la alabanza de los demás, perdemos nuestra claridad y discernimiento. Al culpar de lo malo a

otros, evitamos hacernos cargo equilibradamente de nuestras propias responsabilidades.

- Fama y vergüenza: lo reluciente y lo feo

El deseo de fama es uno de los mayores triunfos del ego. La fama es como una casa de espejos, humo e ilusión. La vergüenza, en cambio, nos impide valorarnos por lo que realmente somos.

Por lo tanto, si no queremos sufrir en los negocios, tendremos que evitar ser arrastrados por las pérdidas, las ganancias, el orgullo, la fama, el dolor, la vergüenza o el placer.

–¡Pero eso es imposible! –me dirán–, si no te ocupas de tus ganancias y tus pérdidas, irás a la quiebra.

¡Y es cierto!

Pero no se trata de desentendernos de las ganancias y pérdidas, sino de no dejarnos arrastrar por ellas. Nuestras acciones de negocios deben ser como barriletes que remontamos aprovechando los vientos, pero evitando convertirnos nosotros mismos en barriletes a merced del viento.

Cuanto más ecuánimes logremos estar, menos nos afectarán estos fuertes vientos que arrasan en el mundo de los negocios. Los vientos agradables o desagradables son inevitables, pero podemos dejarnos llevar por ellos o permanecer enhiestos y tranquilos como una montaña en los Himalayas, y continuar con nuestras tareas mundanas, pero sin olvidar que todo pasa y nada permanece.

Dice Buda:

> "El labrador hace sus trabajos según la estación; el comerciante se ocupa según su ramo; el artífice, según su arte; el oficial, según su valor. He aquí los actos de las fuerzas humanas. Pero el labrador tiene temporadas de lluvia y sequía; el comerciante, pérdidas y ganancias; el artífice, éxitos y desengaños; el militar, sus triunfos y derrotas. Esto es obra del destino".

Para todos soplan los *Ocho Vientos* y está en ellos comandarlos. Sólo la práctica de la ecuanimidad nos pondrá donde debemos estar: en el *Camino del Medio*.

El camino del medio

Un monje sale del Monasterio para hacer unas compras en el pueblo. Al pasar por una taberna se tienta y toma una cerveza. Un trago lleva al otro y a la media hora está borracho como una cuba.

Horas después llega al Monasterio. El Abad le pregunta:

—¿Cómo has hecho para regresar en tan lamentable estado, sin perderte?

—Fue muy fácil —contestó el monje—. ¡Tomé el Camino del Medio!

Sin paz interior, el pan es amargo

Yo era un *tonto emocional*, lo confieso. Un *worrier*, un *preocupado crónico*. Podía llegar a inquietarme y desvelarme por pequeñeces que terminaba convirtiéndolas en montañas y que, por supuesto, muy difícilmente ocurrieran. Esta característica mía, era invisible a los otros —quienes solían ver en mí a una persona equilibrada, serena y segura de sí misma—, pero lo cierto es que solía tener temores y preocupaciones que jamás exteriorizaba.

Lo notable es que nunca supe que era un *worrier*, hasta hace unos pocos años. Antes yo veía al mundo como un lugar terriblemente peligroso, por lo cual creía que debía estar atento y prevenido a todo lo malo que pudiera ocurrirme.

Fue revelador leer el libro *"Worry"* de Edward M. Hallowell y encontrarme ahí como si me hubieran fotografiado, entre otros sufridos *worriers,* algunos tan ilustres como Samuel Johnson. Esta característica mía probablemente tenga un origen genético, pues mi padre y otros consanguíneos también la tuvieron.

El preocupado crónico no disfruta de la *Paz Interior.* En mi caso, mi mente tendía a estar mucho tiempo ocupada en predecir el futuro y sus peligros, en mantenerse alerta y sobrecargada de exigencias de autocontrol.

Dice un proverbio indio:

"No se tropieza con una montaña, sino con una piedra".

Mis preocupaciones eran, generalmente, desproporcionadas al peligro real que encerraban, y, en el noventa y nueve por ciento de los casos, luego las veía como tonterías. Podía estar preocupado por tener que hacer un trámite bancario, o porque la mucama había llegado tarde y mi esposa la había retado. ¿Cómo sentir *Paz Interior* con mi inclinación a preocuparme?

Un hombre cruzaba el desierto sediento y no tenía agua. De pronto llegó a una fresca y extraña caverna, donde buscó refugio del sol. Se recostó a descansar y pensó: "¡Ah, si tuviera una botella de agua fresca!". Y, junto a él, apareció una botella de agua. Después de saciar su sed, pensó: "¡Ah, cómo me gustaría tener unas frutas para comer!". Súbitamente, aparecieron junto a él muchas frutas deliciosas que el hombre comió con deleite. Luego pensó: "Sería bueno dormir un rato", y al instante quedó dormido.

Al cabo de media hora despertó sobresaltado y pensó: "¿Y si aparece un tigre y me devora?". Y al segundo apareció un tigre y se lo devoró...

Siempre creí que mis desvelos se debían a verdaderos problemas de la vida real, y no a maquinaciones de mi mente. Pero al ver esta personalidad *worrier* valoricé aún más las enseñanzas de Buda.

Había perseguido la felicidad en el dinero, el amor, los viajes, la libertad... Sin embargo, el hecho de saber que el único bienestar es la *Paz Interior* hizo para mí una gran diferencia. Especialmente, porque la *Paz Interior* tiene mucho que ver con los estados de la mente. Más aún: *es indispensable que mi estado mental sea de ecuanimidad.*

Dijo Amado Nervo:

> "Hay algo tan necesario como el pan de cada día y es la paz de cada día, la paz sin la cual el pan es amargo".

Estamos acostumbrados al pan amargo, pero no nos damos cuenta y dejamos para ocasiones especiales eso de *sentirnos felices.*

La Paz Interior debería ser nuestro estado habitual. No se gana con poder, ni se compra con riquezas; por el contrario, para conseguirla es necesario practicar el *desapego* y el *desprendimiento.*

Había un discípulo que se quejaba porque en este mundo no podía vivir tranquilo.

El Maestro Zen le dijo: —"Si es paz lo que buscas, trata de cambiarte a ti mismo, no a los demás. Es más fácil calzarse unas zapatillas, que alfombrar todo el planeta".

Capítulo 14
Marketing y ventas

La toma de decisiones

> *"El que tiene una opción, tiene un problema".*
>
> Proverbio holandés

En la vida empresaria y en los mercados, cuanto mayor es el nivel gerencial o de gobierno de una persona, mayor es la cantidad de decisiones que deberá tomar. Este tema ha sido tratado abundantemente en la literatura del *management,* desde el punto de vista de la eficiencia, la planificación y las *best practices.* Y es importante porque, con la tecnología y la globalización, cada vez son más las disposiciones que deben ser resueltas en el menor tiempo posible, lo cual contribuye a elevar el estrés de los que tienen el poder decisorio.

¿Cuál es el nivel emocional de la persona sometida a la toma de decisiones?

Generalmente, se considera que la felicidad está asociada a la libertad de elegir. Cuanto más rica es la persona, su capacidad de poseer cosas –objetos de uso y consumo, viajes, educación y todas las posibilidades imaginables– también se acrecienta.

Sin embargo, antes de tener algo, hay que elegirlo entre una muestra de posibilidades, seleccionarlo a través de una gama de alternativas. Esto es, *tomar una decisión.* Si nuestra vida cada vez resulta más complicada, es porque aumenta también, y en forma constante, la cantidad de opciones. Y a medida que elegimos, no sabemos luego qué hacer con tantas cosas. Si, por ejemplo, quiero comprar un automóvil deberé escoger entre una innumerable cantidad de marcas, modelos, colores, motorización, etc. Incluso debo elegir también el concesionario. Las variantes y posibilidades son enormes.

Recuerdo la vez que compré mi primer auto, en 1971; tuve que elegir entre cinco marcas, cada una de las cuales ofrecían dos modelos. Cuando hace unos meses comencé a buscar un auto para mi hijo, creí que enloquecería. Existían en el periódico ofertas concretas de venta de veinticinco marcas, cada una con un promedio de cinco modelos. Dicho de otra manera, en 1971 tuve que elegir entre diez autos y en ese momento, ¡entre ciento veinticinco!

El hecho de elegir implica un proceso que suele alejarnos de la ecuanimidad y acercarnos al sufrimiento.

¿Cómo? ¿Sufrimos cuando tenemos que optar entre un Mercedes Benz y un BMW?

Mejor pensemos un poco más la cuestión y tratemos de no confundir *excitación* con felicidad.

Buda dice:

> –Tengo hijos y tengo riqueza –así piensa el ignorante. Pero si él mismo no se pertenece, ¡aún menos le pertenecen los hijos y la riqueza!

Si la elección se refiere a mis necesidades básicas, la dificultad será escasa: si tengo hambre me alimentaré, si tengo frío me abrigaré, si llueve me cobijaré, si estoy caminando por una zona peligrosa me alejaré de ella pues elijo vivir y no morir.

En cambio, si la elección se aplica sobre cosas no tan esenciales, la subjetividad de la decisión, unida a las múltiples elecciones posibles, suele agregar tensión y estrés a nuestra vida. En los negocios, las decisiones que hay que tomar suelen apilarse en nuestro escritorio y en nuestro estado de ánimo, produciendo también estados mentales negativos.

A la hora de enfrentar una decisión, mi estado mental es de intranquilidad y tensión. Toda elección implica un riesgo: el de elegir lo peor o lo menos favorable. El peligro de equivocarme y obtener, en consecuencia, un resultado no esperado. Tener que escoger implica un estado mental negativo y, por ende, me aleja de la paz interior. Cuantas más elecciones tenga que hacer, más me alejaré de la felicidad.

Mucho se habla últimamente de la necesidad de simplificar nuestras vidas. Desde que en 1845 el visionario Henry Thoreau escribió su exhortación *"Simplify, simplify, simplify"* no hemos hecho más que lo contrario: complicar y complicar.

Henry Thoreau es el más citado y menos emulado, el más oído y menos escuchado, el más encontrado y menos seguido de los grandes maestros norteamericanos. Es un tesoro desaprovechado.

Él dijo:

> ¡Sencillez, sencillez, sencillez! Que tus asuntos sean dos o tres y no cien o mil.

Quienes en la vida empresarial tienen la actividad decisoria definitiva, permanentemente sienten que les falta libertad, y eso les causa sufrimiento. Sólo bajo un estado de ecuanimidad podrán elegir sin sufrir, ya que una mente ecuánime tiene más capacidad para discernir.

Sin embargo, creo que esto es así en el *Plano Mundano y Relativo*; pero, en la medida en que nos conectamos con el *Plano Profundo y Absoluto* podemos liberarnos de las tensiones y sufrimiento de ser *máquinas de elegir y decidir*.

En mi caso, llegó un momento en el que resolví evitar nuevas responsabilidades que implicaran tomar decisiones en forma constante.

Por supuesto que en la vida siempre deberé hacer elecciones, pero tengo muy presente que siempre hay un estrés, un sufrimiento que viene aparejado con ellas. Sólo la práctica de la ecuanimidad permite atravesar el torbellino de las elecciones diarias sin involucrarse emocionalmente.

SABER PERDERSE UNA FIESTA

Uno de los problemas angustiantes de la vida de negocios es el momento de decidir cuándo participar o no, ya sea que se trate de una asociación, una inversión o, incluso, un cargo honorario en una Fundación de bien público. Mucho se ha escrito acerca de saber decir *no* cuando no se quiere hacer algo que excede nuestro tiempo disponible, o nuestras posibilidades prácticas. El problema surge cuando no sabemos si deseamos o no hacerlo, y es entonces cuando entramos en un estado de sufrimiento e indecisión. Como el *burn-out* está a la vuelta de la esquina, debemos ser cuidadosos.

Ciertas reglas generales funcionan bien en estos casos.

La primera, es reconocer qué influencia tiene nuestro ego en torno de la cuestión, observar cómo lo tratan los *Ocho Vientos* ¡y ponerse al comando de los barriletes! Si sólo descubrimos codicia detrás de una decisión de participar en una inversión o sociedad de negocios, lo mejor será no intervenir.

Como ya mencioné, es bueno querer ganar dinero, pero debe haber otras motivaciones además de esa: nunca la *codicia*. Recordemos que la *codicia* es una exacerbación del deseo de tener más de lo necesario.

La actividad de compra y venta de acciones o especulación bursátil, realizada como *modus vivendi,* es una profesión comercial como cualquier otra, en la que se compran y venden cosas para ganar una diferencia. Comprar acciones como inversión, es una forma de ahorro de los excedentes, pero cuando la Codicia mete la cola en los negocios, sólo se puede esperar sufrimiento.

Mientras escribo esto, debo optar si participaré o no de un almuerzo de negocios con ex-socios y *gente importante*. Me siento como un adolescente a quien invitan a una fiesta y siente que todas sus emociones se entremezclan a causa de su inseguridad y excitación. Pero cuando tomo distancia y observo a ese joven —es decir, a mi ego—, me conduelo de su sufrimiento. ¿Qué diferencia puede haber, en el plano *Profundo y Absoluto*, entre ir y no ir? ¡Ninguna!

La respuesta está en el fluir del río, en ser parte de él.

Y la decisión sólo será una onda más de ese fluir.

Buda dice:

> "Ni tus peores enemigos te pueden hacer tanto daño como tus propios pensamientos".

Toma de decisiones intuitiva

En Occidente, el centro emocional del cuerpo siempre se sitúa en el corazón o el pecho. Los japoneses lo localizan generalmente en el Hara, punto situado a unos cuatro centímetros debajo del ombligo.

En algún lugar de nuestro cuerpo se halla localizada la respuesta intuitiva a todas las preguntas. El ego, en su ignorancia, cree que existen cosas satisfactorias permanentes y con identidad propia, por eso nunca debemos escucharlo al tomar una decisión de negocios. Para hallar las respuestas correctas a las situaciones decisorias, debemos conectarnos con otra parte de nosotros, que no está en la mente ni en la cabeza. Deje que sean su corazón o su estómago los que decidan, ¡nunca su ego!

Por supuesto, antes de llegar a una conclusión, usted habrá hecho sus *deberes* y su *due diligence*, los estudios, cálculos y consultas pertinentes. Habrá conversado con profesionales y colaboradores.

Se habrá tomado todo el tiempo necesario –ya sean horas, días o meses–, para analizar los distintos aspectos que lo pueden beneficiar o perjudicar. Pero cuando llegue el momento final del *compro*, o no *compro*; *contrato*, o *no contrato*; *me asocio*, o *no me asocio*; o lo que sea que tenga que decidir, en ese momento, ¡vigile a su ego! Observe si su mente está ecuánime, observe si tiene emociones no saludables como enojo, ira, codicia, culpa, deseo de revancha, etc. Si encuentra alguna de estas emociones, neutralícela con ecuanimidad. Y no decida nada hasta que no se sienta realmente ecuánime. Cuando sienta que está en el *Camino del Medio*, entonces... deje que su estómago o su corazón decidan.

El hombre primitivo no se enfrentaba a situaciones decisivas ya que, en su necesidad de sobrevivir, primaban sus reflejos e intuición. Cuando tenía la suerte de dar con un árbol con frutas, un manzano por ejemplo, seguramente tomaba la primera que encontraba y se alimentaba con ella al instante. Imaginemos a ese hombre rodeado de otros árboles: kiwis, ciruelos, perales, mangos, pomelos de California, naranjos israelíes, higos de Turquía, almendros, avellanos, manzanos verdes, rojos, amarillos: habría tenido que elegir.

A nuestro pequeño Neandertal le habría ocurrido lo mismo que a cualquier persona del siglo XXI cuando va al supermercado y se encuentra con todos los frutos del mundo, de todas las estaciones y climas. Y tiene que elegir... y elegir... y elegir...

Las decisiones de negocio tomadas desde el ego, terminan en malos resultados. Siempre evito tomarlas si siento orgullo, codicia, resentimiento, ira o enojo.

Si después de revisar mi interior considero que alguna de esas emociones está presente, me abstengo de actuar.

En cambio, si no percibo emociones negativas y mi estado es de ecuanimidad entonces actúo. Siempre trato de tomar decisiones en un estado de ecuanimidad.

Mi ego no es bienvenido en esos momentos, ¡pues es un pésimo consejero!

Capítulo 15
En India sin Buda

Inversiones, yoga y peste bubónica

"Sed vuestra propia luz".
Buda

En 1994 estuve en la India para un viaje de investigación bursátil. La aventura comenzó ya al llegar a las tres de la madrugada al aeropuerto de Nueva Delhi, tomar uno de los pocos taxis oxidados y desvencijados que aguardaban, y comenzar el viaje por el país de *los mil millones de pobres,* esquivando vacas sagradas y pasando por pueblitos intercalados en algún que otro tramo de autopista.

Arribé al hotel a primera hora de la mañana, dormido y desvelado al mismo tiempo, experimentando el *jet-lag* producido después de volar muchas horas. Tomé el diario en inglés y leí en primera plana: "Peste bubónica en Bombay".

La parte despierta de mi mente se remontó rápidamente a un medioevo europeo; feudos, castillos con sus puentes inaccesibles, levantados para impedir el ingreso de la peste negra; las carretas, repletas de cadáveres; las ratas, portadoras de las pulgas que propagaban la terrible enfermedad, pululando en una danza macabra, en donde la parca segaba y segaba vidas, haciéndose un festín; tal fue mi susto ante la primera noticia, pero luego me tranquilicé.

Todo lo bueno y lo malo, lo bendito y lo terrible que ocurre en la India, tiene por origen y causa los famosos monzones: ya sea porque llegan antes o porque llegan después, porque son demasiado copiosos, porque provocan sequías, o por cualquier otra razón; pero lo cierto es que hacen bailar a esa zona del mundo al ritmo de su loco compás meteorológico.

En esa oportunidad, los monzones habían traído poca lluvia o quizás demasiada –ya no recuerdo–, pero el hecho es que en uno de los ríos cercanos a Bombay las ratas muertas y sus acompañantes, las pulgas, habían logrado transmitir y declarar esta emergencia.

Durante aquella época, yo estaba en pleno aprendizaje del yoga. Practicaba diariamente y concurría a tomar mis clases con una profesora, discípula del gran Maestro indio Iyengar, quien iba todos los años a ver a su Maestro y, por lo tanto, conocía todos los secretos para evitar contagios de cualquier tipo.

Para prevenir algunos de los muchos parásitos y enfermedades endémicas de la India, yo sabía que tenía que lavarme las manos con un jabón antiséptico. Nunca comer frutas con cáscara, sacarles las semillas al pelarlas y, si fuera posible, sumergirlas en agua con cloro; recién después de esto, si todavía tenía interés en ellas, podía comerlas. Eso sí cuidando de no apoyarlas en ningún plato que no hubiera sido lavado previamente, utilizando las mismas condiciones de asepsia. También sabía que no podía beber agua del grifo, ni de la que me servían en los restaurantes, ni usar cubitos, pues era posible que se hicieran con el agua contaminada, y, lo que era peor, tampoco podía confiar en el agua mineral embotellada, a menos que hubiese sido adquirida en un negocio de confianza, con el precinto bien cerrado, y nunca a vendedores ambulantes. Mi instructora me proveyó, también, de unas maravillosas pastillas *ayurvédicas* para los primeros días de mi estadía.

Además, me apliqué alguna vacuna para prevenir no sé cuál enfermedad y hasta llevé mi propio pan integral para toda la estadía, para luego descubrir que, si hay algo seguro para comer en la India, es el pan que preparan allí.

Otra preocupación que me embargaba eran mis incipientes hemorroides, las cuales en otros viajes no tan exóticos me habían dado algunos *dolores de cabeza*. Sabía que la comida hindú es particularmente especiada y picante, y que ello no era lo más recomendable para mi íntima dolencia. Me intrigaba pensar qué iba a poder comer durante esa semana.

A veces me preguntaba, ¿qué hacía yo, un exitoso *fund manager*, visitando una ciudad donde, aún a fines del siglo XX se declaraba la ancestral y *demodé peste negra*?

Si el lector me hubiera visto en esos días, sólo habría conocido de mí a un hombre de negocios atildado, elegante, de portafolio y *laptop* en mano. Mi viaje había sido organizado por un banco de inversión norteamericano, y consistía en ir a la compañía, entrevistar al *management* y decidir si eran interesantes como inversión. Los empresarios indios eran muy inteligentes y me sentí atraído por ellos, pero buena parte del tiempo lo ocupé pensando en las desinfecciones.

En la televisión, las cadenas BBC y CNN mostraban el terror de la peste bubónica, la información de los vuelos suspendidos, y los lugares donde estaban situados los controles sanitarios.

No obstante, disfrutaba mucho de los distintos aspectos de la India: el histórico y el místico, así como el moderno y empresarial. Ir a Bombay y Madrás me traía el recuerdo de *La vuelta al mundo en ochenta días,* de Julio Verne.

Resulta paradójico que en ese viaje yo hubiera ignorado absolutamente todo lo referido a Buda y me haya ido de allí sin saber nada de él, cuando luego, con el paso del tiempo, se transformaría en algo tan importante para mí.

Una de las ideas que me animaron a escribir este libro fue la de ayudar a despertar la curiosidad de quienes lo lean, para acercarse o explorar el budismo, y que no les pase como a mí, que prácticamente ignoré su existencia durante los primeros cincuenta años de mi vida, a pesar de haber estado en la India, de haber practicado yoga durante más de una década, de haber concurrido al *ashram de Sivananda* y de ser un lector curioso y muy informado.

¿Cómo pude haber pasado por alto la existencia del budismo?

¿Qué hizo que el budismo permaneciera tan *invisible* para mí?

Creo que no soy una excepción, pues la gente que frecuento —no sólo de negocios, sino también los intelectuales— ignora completamente las enseñanzas de Buda. Casi todo el mundo sabe que Richard Gere es budista, pero se lo toma como un dato curioso de la vida del actor, una nota fuera de lo común del ser cristiano o judío.

Pero una vez más, como dice el budismo Zen:

"Cuando el alumno está listo, el Maestro aparece".

En el caso del Dalai Lama, se confunde bastante que sea budista con su reivindicación política de la liberación del Tíbet, y muchas veces se lo considera como una suerte de líder nacional, ejemplar pacifista y democrático, al estilo Gandhi.

Este desconocimiento sobre el budismo tiene que ver con el hecho de que, probablemente, sea la única de las grandes concepciones filosóficas —incluyendo las grandes religiones— que no hace proselitismo ni tiene misioneros.

Hay algo en esta sabiduría que implica no forzar ni promover su comprensión. Ella llega cuando tiene que llegar.

Buda dice:

"Sed vuestra propia luz. No creáis nada de lo que yo diga o enseñe, sólo creed en lo que vosotros experimentéis como cierto".

Esta ausencia de afán proselitista lejos está de responder a una falta de convicciones. Todo budista sabe que tiene una tarea interior que realizar, que todo comienza por allí, y que si no logra un estado de ecuanimidad y paz interior nada de lo que se pregone a los demás tendrá valor efectivo.

Desde Buda en adelante, los maestros de meditación recomiendan no hablar de ello a los demás, especialmente cuando la práctica no está bien consolidada.

El buen budista es como un faro en la noche:
sólido, solitario y silencioso.
Es mudo, pero su presencia en la oscuridad
lo es todo para aquel que necesite una luz
que lo guíe.

Capítulo 16
La mentira

"El hombre es dueño de sus silencios y esclavo de sus palabras".

Baltasar Gracián

Luego de mi retiro de meditación Vipassana, decidí adoptar los Cinco Preceptos como regla moral. El Cuarto Precepto se refiere a la mentira y el hablar con falsedad. Así que dejé de mentir. No es que yo fuera especialmente mentiroso; pero, como todo el mundo, en ocasiones faltaba a la verdad en pequeñas cosas, o justificaba una falta con una mentira.

A medida que dejaba de mentir, me resultaba mucho más fácil continuar avanzando en ese camino. Empecé a prestar atención a las mentiras de quienes me rodeaban y a darme cuenta de las confusiones que se creaban a sí mismos y a los demás. ¡Ni hablar del entorno de los negocios! Después de escuchar mentira tras mentira, la conclusión era siempre la misma: resultaban innecesarias y problemáticas.

Para el budismo, incluso los malos pensamientos y las palabras negativas son malas acciones. Nada ni nadie nos obliga a decir una mentira. Simplemente, podemos callar.

Cómo vender mi auto viejo

El Campo de Polo de Palermo, en Buenos Aires, es el lugar en donde se juegan los campeonatos más importantes del mun-

133

do. Tanto es así, que se lo conoce como *la catedral mundial de polo*, ya que es, a este deporte, lo que Wimbledon al tenis.

El partido final del campeonato es como un desfile de las mejores cosas que están de moda: ropa, joyas, relojes, autos y todo lo que uno pueda pedir del *marketing* de lujo. Yo había ido a ver una final y disfrutar del espectáculo que se ofrecía, tanto dentro como fuera de la cancha.

Mientras hacía tiempo caminando entre los distintos puestos de venta de prendas y artículos relacionados con este deporte y ese evento en particular, encontré en uno de ellos un sencillo gorro con visera de una marca desconocida, que tenía una linda combinación de colores y un logotipo muy simpático. Había mucho sol y me hacía falta protección. Al preguntarle el precio al vendedor, éste me respondió que su valor ascendía a cincuenta dólares.

¡Era realmente exorbitante! En los otros stands, un gorro similar no costaba más de diez dólares. Quise saber la razón de ese precio excesivo, por lo tanto, le pregunté por qué era tan elevado.

—¡Porque la nuestra es una marca nueva! —fue su respuesta.

—¿Qué tiene que ver eso con lo caro del precio? —volví a indagar, pensando que no había entendido bien.

—Que es más caro, porque la marca es nueva —dijo, muy seguro de su estrategia de marketing:

—¿Pero acaso cuando se lanza un producto nuevo, no se lo promociona haciendo un descuento o regalando otro? —inquirí.

Él me observó con asombro, como si yo fuera de otro planeta.

Para terminar de abrumarlo, le conté que en mi barrio habían abierto una pizzería, también de una cadena nueva, y que durante el primer mes la vendían a mitad de precio para que la gente la probara. El vendedor no pareció inmutarse, seguramente pensando que no se podía comparar una vulgar pizza con una marca nueva y exclusiva.

Cuando se trata de ventas y *marketing*, la cosa se pone peor. A nadie le preocupa si lo que se dice es cierto, con tal de vender. ¿Es posible vender sin mentir? No tengo la respuesta. Sólo sé que cuando tuve que vender mi auto usado, se lo di a mi mecánico y él lo negoció al precio que yo estuve dispuesto a aceptar. No quería verme en la situación de tener que decirle al posible comprador cosas que no eran ciertas. Y eso, para mí, hizo una diferencia.

Le comenté luego a una amiga, muy sagaz, cómo había vendido mi auto.
—Pero dejaste la mentira en manos de tu mecánico, ¿por qué no lo vendiste vos mismo y sin mentir? —me contestó.
—Porque nadie lo hubiera comprado —le respondí—. ¡La gente sólo compra los autos usados de los que mienten y ocultan sus defectos!
—Entonces preferiste elegir el dinero antes que tus principios —replicó mi amiga, clavando el estilete a fondo.
—Todo hombre tiene su precio —contesté aceptando mi derrota.
Otro amigo a quien le conté esta historia, hizo otro tipo de reflexión.
—¡Quizás haya preguntas o situaciones hipócritas en sí mismas y que sólo pueden ser correspondidas con hipocresía!

Si esto es cierto deberíamos estar muy alerta e identificar cuántas de estas situaciones hay en nuestra vida. Y no sólo en los negocios, sino también con nuestra pareja, hijos y relaciones personales.

En el caso de que alguien me preguntara cómo diseñaría yo una campaña de *marketing* de un producto de mercado altamente competitivo y donde hay que mentir para diferenciarse, respondería que yo nunca trabajaría en esa actividad.

Si mi trabajo fuera a exponerme a una continua violación de los preceptos que creo necesario cumplir para no confundir mi mente y evitar el sufrimiento propio y ajeno, entonces buscaría otro empleo.

He conocido a mucha gente, de los más diversos niveles, que debía mentir para vender su producto, y no quisiera estar en sus lugares. No vi en ellos ninguna felicidad, sólo confusión y más confusión.

Mi mente se turba si digo una mentira, y luego termino pagando esa mentira con más confusión.

Conversaciones junto al pozo

Buda nos recuerda:

> "Una vez pronunciadas nos hacemos esclavos de nuestras palabras. Vigila tus palabras".

Buda recomienda evitar lo que denomina *charla baja,* así como relacionarse con personas que la practiquen, pues no es buena para mantener un estado mental ecuánime y lograr paz interior. ¿A qué alude con esto?

Nos dice Buda:

> "Charla baja es aquella que se refiere a reyes y ladrones, ministros y ejércitos, peligros y guerras, comidas y bebidas, ropas y casas, guirnaldas y perfumes, relaciones, carruajes, aldeas y mercados, ciudades y distritos, mujeres y héroes, charlas callejeras, conversaciones junto al pozo, difuntos de antaño, chismorreo y lo que se habla del mundo y del mar, de las ganancias y las pérdidas".

—Pero eso es impracticable —dirá el hombre de negocios—, si no hablo de pérdidas y ganancias será imposible conducir mi empresa.

La respuesta de Buda sería: —*En tu empresa debes atender, conversar, analizar tus ganancias y pérdidas, pero no debes chismorrear ni desconcentrarte hablando de cosas que no son atinentes a tu trabajo.*

Correcto sustento y correcto vivir

Steven Spielberg cuenta que, de los trescientos millones de dólares que produjo *La Lista de Schindler,* no se quedó con un solo centavo.

–Se trata de dinero ensangrentado –dijo.

Y decidió realizar una inversión filantrópica creando la *Shoa Foundation* en homenaje a las víctimas del Holocausto.

Conocí a un empresario propietario de un importante negocio mayorista de bebidas alcohólicas. Era exitoso y creativo, muy buena persona y respetado por empleados y clientes. Lo encontré en un retiro de Yoga adonde él había ido buscando reducir el estrés, responsable de innumerables problemas físicos de clara raíz psicosomática. Padecía soriasis y cuando tenía picos de ansiedad, las erupciones eran tan graves que debía internarse.

Mientras hablábamos de su negocio en particular, me dijo con cierto orgullo que nunca bebía alcohol, pues lo consideraba pernicioso para la salud. Incluso me comentó que su abuelo había sido el fundador de Alcohólicos Anónimos en el país.

Pienso que este empresario no podía tolerar la contradicción que suponía comerciar con una mercadería que él despreciaba, que su abuelo había combatido y que él mismo se enorgullecía de no consumir.

Sin embargo, su sustento y su riqueza provenían de ese comercio que en algún rincón de su conciencia él rechazaba. Era una excelente persona, honrada y bienintencionada, pero no pude evitar recordar otra escena de *Scarface,* en la que el experimentado narcotraficante le aconseja al joven aprendiz:

–¡nunca consumas lo que vendes!

Hay una típica imagen de las películas sobre la mafia, donde se ve a la familia reunida en torno de la mesa para compartir la comida casera y todos agradecen a Dios, siempre van a la iglesia y bautizan a sus hijos. Pero cuando el padre entra en su empresa se convierte en un gángster sin escrúpulos. Ese padre severo y virtuoso en su hogar, controla en su empresa el juego ilegal y los bajos fondos.

Esta imagen típica de las películas, ilustra la doble moral y la esquizofrenia que se padece en el mundo de los negocios, entre los valores personales y la ausencia de éstos.

Tenemos que hacer una elección: o vivimos sujetos a una doble moralidad, al estilo de la mafia italiana de Hollywood, o ponemos nuestros valores a trabajar en nuestro trabajo.

Capítulo 17
El dinero

La felicidad de la riqueza. Buda y las cuatro felicidades del hombre rico

"La vida es un juego del que nadie puede retirarse llevándose sus ganancias".

Emile Herzog

En diálogo con el rico banquero Anathapindika, éste le preguntó a Buda si debía donar toda su fortuna y retirarse para obtener así la felicidad. Buda le respondió que quien posea riquezas y no se aferre a ellas, podrá vivir una vida plena y satisfactoria. No es la riqueza lo que esclaviza a quienes la poseen, sino el apego a ella. Quiere decir que reconocía la importancia de la estabilidad económica, y creía que el hombre rico que actúa con sabiduría es una bendición para sus semejantes.

Buda aconsejó a Anathapindika disfrutar de *las cuatro felicidades del hombre rico.*

- *La primera felicidad,* es disfrutar de la riqueza ganada por medios honestos y legítimos, y trabajo duro.
- *La segunda felicidad,* es poder usar y gastar esa riqueza cumpliendo con sus obligaciones: consigo mismo, su familia, sus amigos y parientes, y en obras de bien.
- *La tercera felicidad,* es no tener deudas con nadie, sean grandes o pequeñas.

- *La cuarta felicidad,* es haber ganado su riqueza por medios legítimos y, al hacerlo, no haber dañado a otros con el pensamiento, la palabra o la acción.

Nada de eso es poco. Pero, en la mayoría de los casos, quienes tienen riqueza y poder no gozan de estas felicidades, porque suelen estar apegados al deseo de tener más, o al miedo de perderla. Están esclavizados a su riqueza y, al hacerlo, sufren y hacen sufrir a quienes los rodean. Viven miserablemente, siendo ricos, como Buda advertía a su banquero.

Buda dice que la riqueza que no es correctamente utilizada no se disfruta, sino que se desperdicia. La compara a un lago de agua pura en una región salvaje e inaccesible.

Su único talento

Junto a George Soros, John Templeton es uno de los más destacados *fund managers* del siglo y al igual que Soros un gran filántropo. Persona de origen humilde, bondadosa y ejemplar, logró su fortuna sobre la base de su gran inteligencia y temple espiritual.

A lo largo de los años, logró desarrollar lo que él llama modestamente su *único talento*; es decir, la capacidad de invertir y ganar dinero para sus clientes. Y hablamos de miles de millones de dólares de ganancias líquidas. Así fue como pudo comprobar innumerables veces la alegría que producía en ellos el incremento de la riqueza por él creada en sus portafolios de inversión. Sin embargo −cuenta Templeton−, la alegría de ser más ricos era pasajera y, al poco tiempo, desaparecía vencida por la codicia. Sus adinerados clientes no eran más felices a medida que iban enriqueciéndose.

Según Templeton, está científicamente comprobado que aquellos negocios cuya focalización sea la codicia, fallan a los pocos años, y el noventa por ciento desaparece. Sólo aquellos que son útiles −y no egoístas−, sobreviven y crecen.

Está convencido de que la persona rica encuentra la felicidad simplificando su vida, y dando tiempo y dinero en forma altruista para el crecimiento espiritual de sus semejantes. La verdadera felicidad no está en ganar ni en acumular dinero, sino en desprenderse de él en pos de objetivos nobles. Es lo que llama *riqueza espiritual.*

Templeton ha donado cientos de millones de dólares, y se dice que cede diez dólares por cada uno que gasta para sí.

El deber del hombre rico

"Este es el deber del hombre rico: dar un ejemplo de modestia y vivir sin ostentaciones —dijo a principios del siglo XX, el multimillonario Andrew Carnegie, considerado el mayor donante de toda la historia, con cuatrocientos millones de dólares de esa época que, a moneda de hoy, representarían más de cuatro mil millones de dólares—. Evitar el exhibicionismo y proveer moderadamente los legítimos deseos de aquellos que de él dependan, y, después de hacerlo, considerar todo ingreso excedente que adquiera, simplemente como fondos confiados a su tutela, a los cuales está estrictamente limitado como un deber, y administrarlos de la forma en que, según su juicio, se obtengan los mayores beneficios para la comunidad. El hombre adinerado debe convertirse en fideicomisario y agente de sus allegados más pobres, y poner a su servicio su sabiduría, experiencia, y habilidad para administrar".

Hasta aquí resuenan en Carnegie los conceptos que Buda transmite a los ricos: desapegarse de la riqueza, usarla sin dañar a los demás y, por el contrario, ayudando a quienes lo rodean. Liberado de la codicia, Carnegie continuó su famoso discurso.

"No está distante el día en que el hombre adinerado que muera dejando tras de sí una gran fortuna—cualquiera sea el uso que le dé al monto, que no puede llevarse consigo–, no será lamentado, honrado ni recordado. De esta manera, el veredicto del público será: el hombre que muere así de rico, muere desgraciado. Este, en mi opinión, es el verdadero evangelio concerniente a la riqueza, el cual, siendo obedecido, está destinado a solucionar los problemas de los ricos y los pobres, para apresurar la venidera hermandad del ser humano y, por último, para hacer de nuestra Tierra un Paraíso".

Carnegie nos demuestra que la generosidad desata el nudo de la codicia.

¿Sólo estamos aquí para ganar dinero?

> *"La riqueza es como el agua salada; cuanto más se bebe, más sed provoca".*
>
> Arthur Schopenhauer

Recuerdo una reunión de directorio de una Sociedad de la que formaba parte. Uno de los socios, una persona muy elocuente, luego de pasar revista a una serie de atractivas oportunidades que se nos presentaban y de un discurso muy motivador acerca del futuro del negocio, terminó con esta frase, que aún resuena en mis oídos: "Después de todo, sólo estamos aquí para ganar dinero".

Todos asentimos a sus palabras, pero yo sentí que algo no estaba bien. Esa palabra, *"sólo"*, era devastadora. Si él hubiera dicho: "queremos ganar mucho dinero", no hubiera sido tan terrible, porque dejaba lugar para otros objetivos; pero cuando dijo *"sólo"*, vació de cualquier otro sentido al negocio.

Años después, ese negocio se convirtió en el peor fracaso del cual yo haya participado. No pienso que esa bancarrota se debiera a las palabras del socio, pero estoy seguro de que su filosofía de los negocios no conduce a un éxito perdurable.

La llama interior

En cierta oportunidad, en un almuerzo organizado por una fundación de bien público, me tocó sentarme junto a un conocido millonario, a quien yo admiraba por sus intereses filantrópicos, y porque se salía de la horma habitual. Parecía siempre más interesado en dar, que en recibir. La charla se puso distendida y bastante íntima, hablando de organizaciones y objetivos altruistas que ambos compartíamos, y en un momento me dijo: "Es extraño que no nos hayamos encontrado antes...", refiriéndose a que, en cierta forma, habíamos recorrido un camino paralelo. Para él, el dinero siempre había sido un problema, y toda su vida era una gran construcción para desprenderse de él y trascenderlo.

La siguiente leyenda siempre me recuerda a esta admirable persona.

Cuentan que un rey muy rico de la India tenía fama de ser un hombre profundamente espiritual e indiferente a las riquezas materiales, cosa un tanto inusual para una persona de su clase. Ante esta situación, y movido por la curiosidad, un súbdito quiso averiguar el secreto del soberano para no dejarse deslumbrar por el oro, las joyas y los lujos excesivos que caracterizaban a la nobleza de su tiempo.

—Majestad, ¿cuál es su secreto para cultivar la vida espiritual en medio de tanta riqueza? —preguntó el hombre inmediatamente después de los saludos exigidos por la etiqueta y la cortesía.

—Te lo revelaré, si recorres mi palacio para comprender la magnitud de mi riqueza —le dijo el rey—. Pero lleva una vela encendida y ten mucho cuidado, pues si se apaga, te cortaré la cabeza.

—¿Qué piensas de mis riquezas? ——le preguntó el rey al término del paseo.

—No vi nada —respondió el otro—. Sólo me preocupé de que la llama no se apagara.

—Ese es mi secreto —le dijo entonces el rey—. Estoy tan ocupado avivando mi llama interior, que no me interesan las riquezas externas que me rodean.

El dinero, un problema

> *"La riqueza consiste mucho más en el disfrute, que en la posesión".*
>
> Aristóteles

Una vez me encontré en una fiesta con un famoso banquero, de los que salen en las revistas de negocios —y también en las del corazón—, y que suelen ser envidiados por otros hombres. Yo lo había conocido en el curso de una negociación y solíamos encontrarnos en reuniones, con fines comerciales.

Mientras charlábamos de generalidades, una parte de mi cerebro trataba de *encontrar* a la persona con la que estaba hablando, y sólo venían a mi mente fotografías y artículos periodísticos: junto a una mujer hermosa, en su nueva casa de campo, con sus colecciones, sus adquisiciones, los rumores sobre esto y lo otro. Me di cuenta entonces de que mientras yo trataba de *encontrar* a la persona con la que hablaba, sólo lograba toparme con su ego, lo cual era agotador. Finalmente, desistí y me alejé a la primera oportunidad.

Me quedé molesto conmigo mismo por la situación vivida. ¿Acaso mi ego había entrado a competir con el de él? ¿Sentía envidia por sus logros y yo quería ser como él, o me molestaba oír cómo hacía ostentación de su riqueza, y lo superfluo y frívolo de todo ello? Finalmente, llegué a la conclusión de que hubo un poco de todo eso, y que la riqueza es un arma de doble filo, pues al ser —por definición—, innecesaria, suele convertirse en un obstáculo para alcanzar la felicidad y en una carga de sufrimiento.

Podemos intentar ser ricos, y no conseguirlo por razones ajenas a nosotros, cualquiera sea nuestro esfuerzo; pero no seremos felices, a menos que nos lo propongamos y encontremos el camino para serlo.

El estado natural del ser humano no es la felicidad. Debemos aprender a ser felices y Buda nos muestra el camino.

IMÁGENES SOBRE LA FELICIDAD Y LA RIQUEZA

Buda, hablando de la obtención de riqueza, menciona a tres tipos de personas.

- *Los totalmente ciegos*, quienes no pueden adquirir riqueza, ni discernir entre lo correcto y lo incorrecto.
- *Los ciegos de un ojo*, quienes pueden adquirir riqueza, pero no discernir entre lo correcto y lo incorrecto.
- *Los que pueden ver con ambos ojos*, adquirir riqueza y discernir entre lo correcto y lo incorrecto. Ellos serán virtuosos y no provocarán sufrimiento a sus semejantes.

Nuestra comprensión es limitada.

Tres ciegos debatían acerca de cómo eran los elefantes. Como no se ponían de acuerdo, decidieron hacer una experiencia directa. Así que se acercaron a tres elefantes.

—Los elefantes son como columnas —declaró el primer ciego al tocar la pata de un paquidermo.

—Los elefantes son como sogas gruesas —aseveró el segundo ciego cuando tomó la cola de otro elefante.

—Los elefantes son como la rama de un árbol —aseguró el tercero al palpar el colmillo del tercer elefante.

Los tres elefantes, que a la sazón también eran ciegos, intrigados por la actitud de los hombres ciegos decidieron hacer su propia experiencia para saber cómo eran los seres humanos.

—Los humanos son planos —declaró el primer elefante ciego luego de recorrer con su trompa el cuerpo de uno de los hombres.

—Sin duda, los humanos son planos —concordaron los otros dos elefantes ciegos luego de igual experiencia.

En otra analogía, Buda habla de cuatro tipos de personas:
- El pobre que, al ser egoísta, queda en la *Oscuridad.*
- El pobre que, al ser generoso, va hacia la *Luz.*
- El rico que, siendo egoísta, va hacia la *Oscuridad.*
- El rico que, siendo generoso, va hacia la *Luz.*

Buda enfatiza en la necesidad de llevar una vida balanceada, donde el progreso material se vea acompañado del progreso espiritual. La riqueza, por sí sola, se convierte en una promotora de codicia.

Según Buda, el hombre de negocios debe ejercitarse, especialmente, en restringir su codicia y deseos sensoriales, así como contentarse con menos, y no con más. Debe también ocuparse, fundamentalmente, de compartir su riqueza con la comunidad y con los más desposeídos, pues ejercitarse en el desapego sin aferrarse a lo material, será un antídoto contra su miedo de perder, y contra su propia codicia. Recordemos que la moral budista siempre tiene como finalidad *evitar el sufrimiento.*

Buda dice:

> "Quien necesite trigo, que busque trigo; quien necesite leña, que busque leña; quien necesite un carro, que busque un carro; pero es inaceptable pensar que alguien necesite oro y plata".

Con esto, Buda no rechaza la búsqueda de riqueza, sino que alerta sobre la confusión entre lo necesario y lo excedente.

Claramente, esto lleva al concepto de riqueza no como un fin en sí mismo, sino como un medio para la obtención de objetivos nobles y el cumplimiento de deberes.

En otra imagen, Buda habla de la riqueza como el agua de un tanque con cuatro compuertas que, si se abren, harán perder la riqueza.

Ellas son:
- Una vida disipada y de libertinaje.
- El alcoholismo y las drogas.
- El juego por dinero.
- Relacionarse con delincuentes.

De este modo, enfatiza la importancia de adquirir la riqueza, pero viviendo éticamente, respetando la ley, sin utilizar violencia ni dañando a otros seres.

"Trabajad como las abejas, que producen su miel sin herir a las flores", dice Buda.

Eran otras épocas. La capacidad de daño y destrucción del Hombre sobre el medio ambiente era limitada y las metáforas eran poéticas e ingenuas.

Pasaron veinticinco siglos; y en 1984, en la misma India donde Buda enseñaba, se produjo el derrame tóxico de la Union Carbide en Bhopal que mató a miles de personas. Recuerdo bien el incidente, pues fue el primer derrumbe bursátil de una gran empresa, producido por un desastre ambiental.

Hoy hemos tomado un poco más de conciencia sobre la Responsabilidad Social Empresaria, y sabemos que nuestro vapuleado planeta pide a gritos una industria y comercio sustentables.

Por eso es tan importante que el empresario busque y encuentre la genuina felicidad que aconseja Buda, para así no agregar más sufrimiento a este mundo y a sí mismo.

Esa es la verdadera forma de tener lo que Buda hoy llamaría *"conciencia de abeja"*.

Capítulo 18
La avaricia

El miedo a perder. El apego y el desapego

> *"El pobre carece de muchas cosas; el avaro, de todas".*
>
> Séneca

Hasta hace unos cincuenta años, la figura del avaro era bastante común, pero en el mundo actual parece haber desaparecido, deglutida por la codicia de la sociedad de consumo.

El avaro no quiere desprenderse de nada de lo que tiene, sufre por temor a perder algo, no da y tampoco gasta. Exacerba el ahorro y se obsesiona con él. El avaro, lejos de ser el amo de su riqueza, se encadena a ella y se convierte en preso y sirviente de sus posesiones.

La abundancia y la escasez

> *"El avaro experimenta a un tiempo todas las preocupaciones del rico y todos los tormentos del pobre".*
>
> Albert Guinon

Mientras que el avaro no quiere gastar ni consumir lo que tiene, el codicioso busca tener más: el codicioso está orientado a la abundancia; el avaro, a la escasez.

Vivimos en un consumismo extremo, que lleva a mucha gente a gastar en lo que no necesita, con dinero que no posee, generando deudas que no podrá pagar; eso es algo que escuchamos permanentemente.

Esto se ve especialmente en los Estados Unidos; sin embargo, en China, India y Asia, en general, sigue considerándose que *el ahorro es la base de la fortuna*. Eso hará una gran diferencia en los próximos años.

> "El avaro es el que no gasta en lo que debe, ni lo que debe, ni cuando debe". Aristóteles

El mundo cambiará y las relaciones de poder económico también. Esas naciones, cuyos individuos no han perdido el sentido de conservar para el futuro y que moderan sus gastos, tendrán creciente preeminencia.

> "El avaro carece tanto de lo que tiene, como de lo que no tiene". Antonie Rivarol

El avaro sufre de apego y del miedo a perder, cuando una de las enseñanzas de Buda es el desapego.

Cree que su felicidad está en lo que tiene, y por eso teme perderlo, pero es ciego ante su propio sufrimiento y no es feliz. Buda dice:

> "Del apego surge el sufrimiento; del sufrimiento surge el miedo. Para aquel que está libre de apego no hay dolor; y mucho menos, miedo".

Nuestra actitud ante el dinero, las posesiones y la riqueza pueden caer en este extremo emocional de apego desmedido y paralizante. Así aparece el pánico a perder lo que tenemos, la imposibilidad de gastar o de dar a otros y, en los negocios, la incapacidad de enfrentar los mayores riesgos empresarios, aunque el retorno esperado de la inversión justificara ampliamente esa decisión.

En algunos períodos de mi vida he sentido esa perturbación de la avaricia, cuando pensar en perder algo de lo material me angustiaba, como si esa posesión fuera un pedazo de mi cuerpo y su pérdida una mutilación.

Dijo Henry Thoreau:

> "... Pero los hombres trabajan influidos por un error. Por un destino aparente comúnmente llamado necesidad, los hombres se dedican, según dice en un viejo libro, a acumular tesoros que la polilla y la herrumbre echarán a perder, o que los ladrones entrarán a robar. Esta es la vida de un tonto, comprenderán los hombres cuando lleguen al final de ella, si no lo hacen antes".

La avaricia domina a quienes sólo pueden ver el *Plano Mundano y Relativo* de las cosas. Por eso sufren buscando *estabilidad*, donde sólo hay *movimiento* e *impermanencia*.

Quien tiene miedo a perder su riqueza, nada tiene, salvo el miedo.

Un monje andariego encontró una piedra preciosa en uno de sus viajes, y la guardó entre sus cosas. Un día se le acercó un viajero y, al abrir su bolso para compartir con él sus provisiones, el peregrino vio la joya y se la pidió. El monje se la dio, sin más. El hombre se marchó lleno de gozo con aquel regalo inesperado que bastaría para darle riqueza y seguridad por el resto de sus días.

Sin embargo, poco días después volvió en busca del monje, le devolvió la joya y le suplicó: —Ahora te ruego que me des algo de mucho más valor: el desapego que te permitió entregármela.

Buda nos dice:

> "El desapego es el mejor de los estados mentales".

Capítulo 19
Ilusión y realidad

Encuentro en Namibia

> *"El idealismo aumenta en proporción directa de la distancia que nos separa del problema".*
>
> John Galsworthy

A principios del siglo xx, Namibia era una de las pocas colonias alemanas en África. Luego de la Primera Guerra Mundial pasó a ser un protectorado de Sudáfrica, situación que perduró hasta el fin del *Apartheid*. Fue sólo en forma tardía, que se convirtió en república independiente.

Namibia me evocaba la imagen de una gran extensión de arenas y costas, con playas sorprendentes en las que florecían los diamantes más maravillosos, imágenes que eran abonadas por las novelas de Wilbur Smith.

De modo que en 1996, cuando me invitaron a participar como panelista en el *World Economic Forum* de África del Sur que tendría lugar en ese país, acepté entusiasmado. A algún organizador se le había ocurrido que yo podía transmitir una síntesis interesante de los avances del Mercosur y los beneficios que había traído en Sudamérica, y que esto podía ser atrayente para el desarrollo de un Mercado similar entre Sudáfrica, Botswana, Namibia, Zimbawe y Mozambique. Debo confesar que mi entusiasmo por concurrir no derivaba de una pasión oculta por las Uniones Aduaneras o los incipientes Mercados Comunes Regionales, sino porque me fascinaba conocer ese sitio tan exótico. Además, porque entre los invitados ilustres se encontraba nada menos que Nelson Mandela, una de las personas a quien más admiro, y la sola idea de poder conocerlo personalmente, superaba toda expectativa. Así que organicé mi presentación para la conferencia, sin dejar de preparar mi corazón para esta rara experiencia.

Yo estaba acostumbrado a encontrar gente con traje y corbata en esa clase de eventos, pero allí participaban muchos funcionarios de los distintos países africanos, vestidos con atuendos típicos, lo que agregaba al encuentro de economía y negocios, una nota de color, diversión y pintoresquismo.

Entre otras cosas, recuerdo haberme cruzado con un militar negro, de aspecto feroz, que se alojaba en la habitación contigua a la mía. Más tarde pude averiguar que era el presidente de la República del Congo. También me informaron que ese hombre acababa de tomar el poder luego de sacar a balazos al anterior opresor. Pocos meses después, él corría la misma suerte, víctima del siguiente golpe militar y su concebido nuevo dictador.

Llegó la gran noche de la asamblea plenaria, en la cual participaría Mandela. En determinado momento, el moderador comenzó a anunciar la presencia de un ilustre participante que nos honraría con su presencia, alguien con un gran corazón y sensibilidad por las injusticias y la desprotección en África y, especialmente, de los niños.

Se hizo un instante de silencio durante el cual el anunciador señaló hacia el fondo de la sala, mientras yo me disponía a conocer a ese hombre maravilloso.

Nunca voy a olvidar el desconcierto y la confusión que me invadieron cuando los amplificadores comenzaron a anunciar a viva voz: −¡Con nosotros... el señor... Michael Jackson!

Giré y vi avanzar verdaderamente a Michael Jackson, quien nos sonreía y caminaba decidido hacia el escenario. Sentí que me habían cambiado el ídolo, el propio por el ajeno. ¿Por qué Jackson y no Mandela? –me pregunté.

Al parecer, Mandela no había podido viajar, y como Jackson era un activo *sponsor* de iniciativas filantrópicas dirigidas a los niños africanos, el Foro estaba homenajeándolo por su altruismo y actitud solidaria.

Así fue que, luego de alguna que otra experiencia interesante, volví de África sin conocer a quien deseaba, pero sabiendo algunas cosas buenas que había realizado Michael Jackson.

Dos meses después, en Buenos Aires, tuve una reunión de negocios en el Hotel Alvear y, cuando entraba en el *lobby* vi a una multitud de gente esperando y aplaudiendo a una persona que estaba por salir.

–Otro cantante de rock y su club de *fans* –pensé.

Como el pasillo era estrecho decidí, con fastidio y disgusto, cruzar a través de esa aglomeración de gente excitada. Mientras lo hacía, me encontré de repente, cara a cara, ¡con Nelson Mandela!

Presa de una nueva confusión y completamente desorientado, todo lo que había pensado decirle en Namibia –que eran palabras para demostrarle la admiración que sentía por él y su obra–, se me habían borrado.

Me acerqué, emocionado, a darle la mano... y me encontré balbuceando lo único que vino a mi mente en ese instante: –¡*Congratulations*!

Mientras me sonreía, como a todos los que se le acercaban, no pude dejar de sentirme como... ¡un fan de *rock* que puede tocar a su ídolo!

Fueron dos momentos, el de Michael Jackson y el de Mandela, que vistos en perspectiva destacan la importancia de aceptar lo que el momento presente ofrece, aunque no sea lo esperado.

Pude observar el contraste entre ambas personas.

Jackson, famoso, exitoso, millonario, pero muy confundido.

Mandela, víctima de la segregación racial, preso durante veinte años y luego convertido en un prócer del Siglo XX.

Ambos oprimidos por el mismo racismo, pero reaccionando de una manera tan diferente.

Jackson intentó de una manera muy extravagante resolver la discriminación de la que había sido objeto por el color de su piel.

Mandela, segregado por lo mismo, usó todo su coraje y amor para luchar de una manera distinta, inteligente y pacífica.

Buda nos recuerda:

> "No es bueno el acto que causa remordimiento después de llevado a cabo, y cuyo resultado uno experimenta lamentándolo con lágrimas en la cara. Es bueno el acto que no causa arrepentimiento y cuyo resultado uno advierte con la mente llena de gran deleite y felicidad".

En la actualidad, a la luz de ciertos hechos conocidos por todos –y con un jurado que declaró inocente a Michael Jackson–, cabe volver a la pregunta que nos hicimos en un capítulo anterior.

¿Qué hacemos con la compasión?

¿Podemos ver el sufrimiento del león? Creo que no encontraré un paralelismo mejor que este.

Aunque de manera disímil, ambas experiencias han sido enriquecedoras para mí, pues estas dos personalidades son un ejemplo de cómo uno construye su vida.

Escuchemos a Buda:

> "Uno mismo hace el mal, uno mismo se corrompe; uno mismo deja de hacer el mal, uno mismo se purifica; pureza y corrupción existen por uno mismo, nadie puede purificar al otro".

Capítulo 20
La iluminación y el cambio

Un hombre despierto

> *"Solo alborea el día para el cual estamos despiertos".*
>
> Thoreau

Cuando se piensa en la *Iluminación*, generalmente se la asocia a la revelación de algo mágico, sublime, metafísico, místico, permanente. Pero, en la vida, sólo existen momentos de *Luz* en medio de la *Oscuridad*.

La Iluminación es liberarnos de aquello que nos causa sufrimiento a nosotros y a los demás.

Si no soy consciente de la Verdadera Naturaleza de las Cosas, las cuáles tienen siempre las tres características: *insatisfactorias, impermanentes y sin identidad,* estoy en la oscuridad de la ignorancia. La sabiduría consiste en darme cuenta de tal entorno y actuar en consecuencia: ese es un momento de Luz. Por lo tanto, la práctica de los preceptos y de la meditación me llevarán a un estado mental más luminoso.

EL REY ASHOKA

> *"Entre las decenas de miles de monarcas que pueblan la historia, el nombre de Ashoka brilla, casi solo como una estrella".*
>
> H. G. Wells

Ashoka representa los extremos del poder y la codicia. Su historia es una metáfora valiosa para quienes, al tener poder económico, pueden realizar un gran cambio exterior a partir de un cambio interior, para bien propio y de los demás.

Ashoka vivió entre los años 273 -232 a. C.

Su nombre, Ashoka, significa *ausencia de tristeza*, y le fue dado pues, tras el parto, su madre se sintió feliz y sin tristeza. Pero algo muy distinto iban a sentir sus súbditos y enemigos, porque llegó a ser un gobernante genocida, despiadado y sanguinario, hasta el extremo de ser llamado *Ashoka el Feroz*.

En la primera parte de su reinado sometió a pueblos y combatió intensamente. Durante sus conquistas libró muchas y muy crueles guerras, sin detenerse ante el sufrimiento de sus semejantes, ni compadecerse ante el dolor que provocaba.

Llegó a quemar vivas a sus quinientas concubinas por haberle hecho una broma que no fue de su agrado.

Tal era su brutalidad, que hizo construir un edificio especial como cámara de tortura y muerte, y buscó al peor de los verdugos para atenderlo, el cual hizo de ese lugar un verdadero infierno en la tierra, afirmando que no había que hacer esperar a los hombres para encontrarse con el averno.

Un día, un monje que había golpeado a las puertas para pedir limosna fue tomado prisionero por el verdugo, y vio cómo otro condenado era torturado hasta convertirse en una pulpa informe y sanguinolenta.

El monje recordó entonces estas palabras de Buda:

"El cuerpo es una burbuja de espuma, evanescente y sin valor.

¿Dónde está ahora ese adorable rostro, ese cuerpo hermoso? Sólo un ignorante se deleita en esta impermanencia".

Ante tal escena, el monje comprendió la *Verdadera Naturaleza de las Cosas* y alcanzó un estado de perfecta *Iluminación*.

Cuando a los pocos días llegó su turno de morir torturado, el verdugo lo colocó en una gran caldera para hervirlo vivo. No obstante, el monje, *ecuánime e iluminado,* resistió sin inmutarse ese tormento que a otros hacía aullar.

El verdugo, desconcertado, fue a ver a Ashoka para informarle sobre ese extraño monje que parecía no sentir dolor. Intrigado, Ashoka fue a ver al ecuánime cautivo y le preguntó cómo hacía para tolerar el sufrimiento. Él le habló de la enseñanza de Buda y, dice la historia, que Ashoka sintió que debía seguir el camino de la compasión.

En la Isla de Java existe otra versión sobre la iluminación de Ashoka.

Según ella, Ashoka tenía el maléfico hábito de violar a las esposas de sus oficiales y cortesanos. En cierta oportunidad, una de ellas fue llevada por la fuerza a los aposentos del Rey.

−¡Oh Rey! ¡No debes romper las reglas de la vida y tu destino, si quieres conseguir la Iluminación! −le dijo con calma.

−¿Qué quieres decir con eso? −le preguntó Ashoka.

−Te ofrezco mi cuerpo, no es necesario que lo violes, me entrego totalmente a ti y esa será tu *Iluminación* −le contestó ella.

Ashoka se sintió tan conmovido por estas palabras, que rompió a llorar y sobrevino su *Iluminación*.

La otra versión de la Isla de Sumatra, dice que Ashoka se encontraba en un pueblo al que había sometido a una de sus habituales carnicerías. Caminando entre los cadáveres mutilados y sangrantes, encontró a un bebé que lo miraba silenciosamente. Ashoka tomó en sus brazos al niño y éste habló al corazón de Ashoka.

—Debes parar de matar —le dijo

En ese momento Ashoka, recuperando el llanto que había perdido en su niñez, se *Iluminó* y decidió llevar una vida regida por la compasión.

Cualquiera de estas versiones muestran un momento *bisagra*, una epifanía en la cual Ashoka trueca la crueldad por la *Iluminación* y la compasión.

No es demasiado importante saber cuál fue la causa; pero la verdad histórica es que Ashoka se convirtió al budismo, y que lo implantó como religión oficial del Imperio.

Durante esa segunda parte de su reinado, la India conoció uno de los períodos de mayor esplendor. Ashoka instauró una nueva moralidad basada en la piedad, la moderación, la tolerancia y el respeto por la vida. Prohibió la pena de muerte y se transformó en protector de todos los credos, exhortó a sus súbditos a ser piadosos, compasivos y pacíficos, y fundó los primeros hospitales públicos de la historia, no sólo para seres humanos, sino también para los animales. La ética del budismo influenció todos sus actos.

Ashoka estableció el primer gobierno pensando en el bienestar de sus súbditos.

Escalar un muro

Aunque sus discípulos intentaban que el Maestro les explicara algo más acerca de su Iluminación, el siempre se mostraba reservado.

Todo lo que sabían al respecto, era lo que en cierta ocasión había dicho el Maestro a su hijo más joven, el cual quería saber cómo se había sentido su padre cuando obtuvo la Iluminación.

—Como un imbécil —fue la respuesta.

—¿Por qué? —quiso saber el muchacho.

—Bueno, verás, fue algo así como hacer grandes esfuerzos por penetrar en una casa escalando un muro y rompiendo una ventana... y después darse cuenta de que la puerta estaba abierta —respondió el Maestro.

Cada día y en cada momento podemos optar por una vida iluminada. Está aquí y ahora, al alcance de nuestras manos.

El camino no es fácil, porque debe incluir alguna ejercitación: son necesarias la meditación, y otras actividades.

—¿Hay algo que yo pueda hacer para llegar a la Iluminación? —le preguntó el alumno a su Maestro Zen.

—Tan poco, como lo que puedes hacer para que amanezca por las mañanas.

—Entonces, ¿para qué valen los ejercicios espirituales que tú mismo recomiendas?

—Para estar seguros de que no estaréis dormidos cuando el Sol comience a salir.

La opción es nuestra a cada momento. ¿Queremos vivir dormidos o ver el sol?

Dijo Henry Thoreau:

> "Es verdad que nunca ayudé materialmente a la salida del sol, pero el sólo hecho de estar presente era de suma importancia para mí".

Sutra del Negocio Iluminado

Este bien podría ser el Sutra del Negocio Iluminado tal como lo imagino, y trato de practicar.

- Aumenta el bienestar de los otros. Evita perjudicar a otros.
- Respeta los compromisos financieros. Evita incumplir los compromisos financieros.
- Actúa con absoluta ecuanimidad. Evita actuar pasionalmente.
- Comunícate con la verdad. Evita decir lo que no es cierto.
- Habla profesionalmente y con respeto. No maldigas, no insultes.
- Habla acerca de cosas significativas. No hables frivolidades, no chusmees.
- Encuentra felicidad en lo que tienes. No codicies ni caigas en avaricia.
- Celebra los logros de los otros. No envidies a los otros.
- Acerca a las personas. No causes desencuentros ni rivalidades.

Veo venir una pregunta típica que ya me han hecho: ¡pero qué aburrido debe ser esto!

¿Acaso no hay lugar para el humor y la alegría en el trabajo? ¿No se puede bromear?

¿Acaso no se puede hacer una pausa para distenderse?

Y la respuesta es: ¡por supuesto que sí!

Lo que debe evitarse es lo que causa sufrimiento, porque debemos reconocer que hay un cierto tipo de humor y bromas que se hacen a costa de otro que sufre, y que la maledicencia y el chismorreo siempre lastiman, aunque la herida no esté a la vista. Ya hemos visto que el *Karma* se construye en cada intención, en cada pensamiento y en cada acto.

Está muy bien que haya un tiempo y lugar para el descanso, el encuentro social y la relajación. Pero en dichos momentos también se deben respetar los puntos del Sutra.

O sea: no estamos hablando de *órdenes*, sino de hacer cosas provechosas y no perjudiciales, conectándonos con el Plano Profundo y Absoluto y teniendo presente la Verdadera Naturaleza de las Cosas. Una vez que hagamos de eso un *estilo de vida*, resultará muy sencillo y natural.

Si no se puede mantener un almuerzo sin hablar frivolidades, chusmear, sin recibir o dar algo que nos enriquezca mutuamente... quizás fuera más conveniente comer en silencio, o a solas. La práctica de este Sutra es algo individual, y depende de cada persona. No hace falta anunciarlo, lo que importa es practicarlo. Notará que se producen cambios en forma instantánea, no sólo en usted, sino a su alrededor.

El empresario o el hombre moderno que aplique estos principios, estará recorriendo –a su manera–, el mismo camino del Rey Ashoka.

Cada persona tiene un camino personal para conseguir su despertar interior... pero debe recorrerlo...

Capítulo 21
Buda en China

Bodidarma

"Algún dinero evita preocupaciones; mucho, las atrae".

Confucio

En el año 2004 hice una visita de negocios a China, y rápidamente me convencí de que estaba en la potencia económica que iba a dominar el siglo XXI, y que lo iba a hacer con una energía y dimensión pocas veces vista en la historia.

Pero como China es un país de importante tradición budista, me resultó especialmente interesante investigar en qué había quedado el budismo en medio de la vorágine de inversiones, construcciones y el *boom* económico.

Visité los templos históricos y sentí que la religión y los íconos predominaban por sobre las enseñanzas de Buda. El budismo como religión nunca me ha interesado. Buda no fue ni pretendió ser un dios; y Buda mismo siempre se mostró desconfiado de las religiones, pues creía que conllevan supersticiones que alejan al hombre del conocimiento de sí mismo.

Por eso siempre me gusta reiterar que, para mí, el budismo es una filosofía de vida, una visión del mundo y de la condición humana.

También un camino práctico de auto-superación.

Volviendo a China: el contraste entre el desarrollo urbano –con sus rascacielos, *shopping malls* y cuanto objeto de consumo occidental uno quiera encontrar– y una filosofía budista de desapego y ausencia de codicia, me resultaron incompatibles, hasta el extremo de sentir que el budismo languidecía en China, mientras que en Occidente florecía.

La impresión de la China del año 2004 es la de una explosión de energía descomunal. Es el mejor ejemplo de los orientales puestos a hacer al modo occidental. En ese desenfreno constructivo, se manifiestan todos aquellos estados mentales negativos que el camino budista propone evitar: codicia, enojo, ostentación, fama.

Buda dice, pero no lo escuchan:

> "Mayor que la conquista en batalla de mil veces mil hombres, es la conquista de uno mismo".

En Shangai y Pekín soplan fuerte los *Ocho Vientos* de las influencias mundanas, aunque debo decir que la imagen resulta colorida y agradable. Al menos como turista, no he podido dejar de asombrarme de cómo esta Nación se ha apropiado del futuro, y también del presente del planeta. Que las próximas décadas serán de China, no me cabe duda alguna, no sólo en lo económico, sino también en lo cultural, y esperemos no tener que hablar de lo militar

Retomando el tema del budismo chino, ¿podrá florecer entre las generaciones jóvenes? Quizá resulte difícil, ya que los *Ocho Vientos mundanos* están soplando fuerte desde Occidente y entonces necesitarán un largo período para aplacarse y poder aquietar sus mentes y sus egos; un tiempo que se medirá en décadas.

Aún se los ve por las mañanas haciendo Tai Chi, pero llama la atención la alta edad promedio de los practicantes. Es lo que queda de las cosas buenas del Maoísmo: tiempo para dedicarse a lo simple e importante de una vida sencilla. Pero esto es para los viejos, ya que los jóvenes corren detrás del consumo, de las marcas de lujo, mientras que los Volkswagen pueden confundirnos y, entre el polvo de las construcciones, hacernos creer que estamos en la Berlín de la furia reconstructiva, y no en Pekín.

Quizás dentro de muchos años –y ya hastiados del frenesí por la obtención de riquezas–, se vuelvan a releer esas palabras del I Ching:

> "Si tomas mucho sin un fundamento sólido, acabarás siendo vaciado, quedándote con vergüenza e infortunio".

Peregrinación a Shaolin

Cuando era niño, en los años sesenta, veía por TV la serie *Kung Fu*. Me fascinaba la historia de ese niño criado en el monasterio *Shaolin* y convertido en un experto en Artes Marciales que emigraba al *Far West*. El punto culminante de cada capítulo se daba cuando el *pequeño Saltamontes*, ya adulto, se enfrentaba con perfecta ecuanimidad a los malhechores de turno que se habían burlado de él y les hacía pagar caro su osadía. Así que decidí visitar el Templo de *Shaolin*, no tanto por mi nostalgia infantil, sino porque allí se encuentra la cueva en la que habitó y meditó durante nueve años el legendario *Bodidarma*.

Siempre fue un misterio la relación entre este templo, cuna de las artes marciales, y la presencia de *Bodidarma*, el iniciador del Budismo *Chan* que luego, al pasar a Japón, se convirtió en Budismo *Zen*.

Bodidarma era un monje indio experto en las técnicas guerreras del *Kalaripayat*, el arte marcial de la India, y que había sintetizado su conocimiento del potencial del cuerpo humano, de las técnicas de pelea de ciertos animales, de meditación y control de la energía, con lo cual *Bodidarma* originó un sistema único de acondicionamiento físico, lucha sin armas y concentración mental. *Bodidarma* emigró desde el Norte de la India en el siglo VI d. C. y luego de un largo viaje se asentó en una cueva ubicada en una ladera, arriba del Monasterio de *Shaolin*.

En esa época, el Monasterio se veía sometido a constantes ataques y saqueos por los bandidos de la zona, así que *Bodidarma* transmitió a los monjes sus Artes Marciales y los preparó físicamente para tolerar los mayores rigores. Así fue como se inició la dinastía de los monjes guerreros de *Shaolín*. Esos ejercicios se convirtieron luego en el *Kung Fu* y absorbieron otras fuentes, como el *Chi Kung* y el *Tai Chi*. La delincuencia de esa época ya no intimidaría más a los monjes, porque sus habilidades combativas y excelente condición física los convertía en peleadores letales.

Mi visita a la cueva de *Bodidarma* –que se encuentra en una escarpada ladera a una hora de dura caminata desde *Shaolin*–, fue una experiencia notable. Abajo, en el valle, se veían los techos curvados del Templo *Shaolin*.

Fue el único lugar de la China en el que estuve solo y aislado del turismo multitudinario. En la hora que permanecí allí, sólo compartí el momento con la simpática monja budista que estaba al cuidado del lugar, y con la que me entendía mediante señas.

En un momento pasó un alegre grupito de jóvenes chinos, pero ni siquiera se asomaron a la cueva, cuyo significado seguramente desconocían. Los escuché alejarse, acompañados por los alegres *ring-tones* de sus celulares.

Buda dice:

> "La desgracia tomada por felicidad, lo desagradable tomado por agradable y el sufrimiento tomado por placer, subyugan al que no está alerta y vigilante".

Uno de los estados de inmersión en la meditación, en sánscrito es djana, y se pronuncia "dyana". Cuando Bodidarma pasó a China y transmitió su doctrina, la palabra Djana se convirtió en chino en Chan. Luego viajó hacia el Norte, difundiéndose por China como budismo Chan, y pasó por Corea para, finalmente, llegar al Japón, donde el vocablo se deformó en Zen. Así vemos cómo el mismo término, en tres idiomas, da cuenta de la evolución que se produjo a partir de su viaje y su vinculación con el Zen.

Cuentan que luego de pasar nueve años de meditación, quedaron grabadas sus facciones en la roca hacia la que miraba, la cual se encuentra ahora en el Templo Shaolín. Quienes quieran creer en la leyenda, pueden ver la imagen de Bodidarma en ella.

Estaba aún agitado después de la escarpada subida… pero tuve la magnífica oportunidad de meditar unos minutos en el mismo lugar en donde Bodidarma pasó nueve años haciéndolo… Me sentí insignificante ante la historia que contenía esa pequeña cueva de escasos diez metros cuadrados

El sitio estaba fresco, tranquilo y agradable.

Nada había allí, sólo la monja estudiando y meditando.

Ese fue el mejor momento de mi viaje a China.

Capítulo 22
Buda en la Bolsa

Vicios y virtudes del inversor

> *"El camino al Cielo es saber vencer sin combatir, responder sin hablar, atraer sin llamar y actuar sin agitarse".*
>
> Lao -Tse

La Bolsa suele condensar situaciones que también se dan en los negocios y la vida en general. Por eso creo que muchas de las reflexiones que van a continuación serán de utilidad, incluso para quienes no tienen un especial interés o conocimiento de la Bolsa.

Creo que la inversión bursátil debe verse como una verdadera batalla. Si no estamos preparados emocionalmente para lo que pueda sobrevenir, seremos vulnerables como un guerrero sin coraza.

Quienes operamos en la Bolsa, debemos tener diariamente un espacio de meditación para poder reconocer las emociones que van surgiendo en nosotros y la presencia del ego en ellas.

Las hay de dos clases: aquellas vinculadas con nuestras emociones positivas, también llamadas virtudes, y las vinculadas con las negativas, o vicios. Son estas últimas las que pueden llevarnos a cometer serios errores en cualquier tipo de negociación.

VICIOS

Enojo

Es la negativa a aceptar las cosas tal como son. El enojo hacia los otros —ya se trate de gobiernos, empresas, cotizaciones o mercados en general, porque nos ha ido mal en una operación—, es consecuencia de no admitir que tal situación es resultado de las decisiones tomadas.

Remordimiento

Es odio dirigido a nosotros mismos y apego al pasado.

Codicia

Es una manifestación de nuestro ego, que nos aleja de la tarea y los objetivos propuestos. Nos hace desear siempre más, llevándonos de ese modo a la insatisfacción permanente: la codicia destruye la disciplina.

Había una vez un indiecito que quería cazar un faisán. Para ello, construyó una trampa con ramas. En el centro puso el maíz que había comprado con sus últimos ahorros, calculando que con el dinero de la venta de una pieza lograría subsistir durante varios días, y ató una cuerda a la puerta de la trampa, lo cual le permitió esconderse a la espera de su presa, sin ser visto.

Al poco rato —y ante su alegría—, un faisán se metió en la trampa y se puso a picotear los granos. El indiecito estaba ya por tirar de la cuerda, cuando vio que otro faisán se aproximaba.

—¡Qué bueno —se dijo—, quizá pueda atrapar dos!

Todavía sorprendido por su éxito, observó que un tercer faisán se acercaba a la entrada. Rebosante de alegría permaneció a la espera y, mientras calculaba el número de sus presas, cayó el cuarto, el quinto, el sexto, el séptimo... El indiecito ya conjeturaba cuántas trampas podría comprar con la venta de sus faisanes.

De pronto uno de ellos escapó.

—¡Epa! —murmuró el indiecito—, se me ha ido un faisán; quizá debiera llevarme los restantes.

Pero en ese momento, el que había logrado huir regresó; así, faisán va, faisán viene, el indiecito se encontró con un total de doce faisanes dentro de su trampa.

Ebrio de codicia, se preguntó si la trampa de ramas podría alojar veinte, ¡o más de veinte! De pronto observó que dos faisanes se retiraban, y luego otro, y otro más, quedando apenas ocho de los doce. El indiecito ya no estaba contento de haber atrapado a ocho, sino muy amargado por haber perdido cuatro de los doce que había obtenido.

Pero mientras sufría en su angustia —y ante su mirada atónita y paralizada—, otro faisán se retiró, y otro, y otro más.

Así quedó el indiecito, sintiendo el sufrimiento de lo perdido y sin reaccionar siquiera como para retener al último faisán, el cual, al haberse terminado el maíz, se alejó a buscar su alimento a otro lado.

Esta historia es una alegoría de los diversos factores que afectan a los inversores bursátiles, y es sencillo descubrir las analogías: el maíz es el capital, los faisanes dentro de la trampa son las ganancias no realizadas, las aves entrando son la tendencia alcista, las fantasías del indiecito son las ilusiones de la codicia, tirar de la cuerda es la orden de salida; los faisanes que entran y salen son las oscilaciones de las cotizaciones bursátiles.

El indiecito pasa por las emociones típicas que surgen en la Bolsa: codicia, euforia, ilusión, avaricia y miedo. Si el indiecito se hubiera propuesto tirar de la cuerda apenas el primer faisán hubiera salido de la trampa, entonces tendríamos un buen ejemplo de *stop-loss*.

Siempre utilizo *stop-loss* —o límites de pérdida— cuando entro en un *trade*, y los cumplo a rajatabla.

Avaricia

Es una manifestación del miedo del ego a perder, y se neutraliza con desapego.

En la práctica, nos impide colocar *stop-loss* y ejecutarlos disciplinadamente. La avaricia no tolera las fluctuaciones bursátiles cuando van en su contra.

Siempre que seamos capturados por este sentimiento que nos impulsa a aferrarnos a una posición, debemos conectarnos con el *Plano Profundo y Absoluto*. Esto nos ayudará a desapegarnos y actuar tomando la pérdida, para luego recomenzar con objetividad.

Miedo

Es el resultado de la creencia del ego de que *realmente* hay algo que nos pertenece y podemos perder. Cuando nos conectamos con el *Plano Profundo y Absoluto*, y nos conectamos con la *Verdadera Naturaleza de las Cosas*, el temor desaparece y podemos tomar decisiones objetivas.

Impaciencia

Es enojo con el momento presente. Negación a aceptarlo tal y como es. La impaciencia nos lleva a querer escapar del momento presente saltando al próximo en lugar de fluir con el tiempo. Suele hacernos entrar o salir en forma prematura de una inversión, sin un fundamento y por pura inquietud.

Culpa

Es el resultado de una mala intención, incluso si ella no llega a convertirse en acción. Se manifiesta como remordimiento o auto-reproche, por errores anteriores que hemos cometido.

Envidia

Es de los peores sentimientos para un *trader*, en tanto anula su capacidad y lo paraliza. Como todas las emociones negativas, para poder superarla debemos primero reconocer su existencia. Suele estar acompañada de una distracción del propio negocio, pues el ego se obsesiona con los logros, ganancias o riqueza de otra persona. La envidia es pura mala intención encubierta. Mala acción que lleva a descuidar el propio portafolio.

Cólera, enojo e ira

Encolerizarse es, en sí misma, una mala acción. La acompaña una emoción muy difícil de reconocer, ya que no captamos la cólera en el momento en que la sentimos, sino a su objeto, ya sea una persona, un hecho o una cosa. Debemos adiestrarnos en la *ecuanimidad* para no caer en ella.

Chismorreo

Es lo contrario de la *Recta Palabra*. Es la *charla baja* a la que se refiere Buda, que nos distrae y nos quita ecuanimidad.

Indisciplina

Es una manifestación de la *creatividad* del ego en su anhelo de demostrarnos que está presente y vivo.

La creatividad del ego es de importancia en la vida cotidiana, porque nos permite sobrevivir físicamente, nos protege de los riesgos del entorno y nos integra socialmente. Pero cuando éste se ve sujeto a normas como aquellas que estamos obligados a seguir muchas veces en el *trading*, entonces se rebela y nos *sugiere* alternativas creativas que nos separan de nuestro sistema y rompen nuestra disciplina. Cada vez que notemos indisciplina, es señal de que nuestro ego tomó el mando y que debemos retomar el control.

Duda en la ejecución

Dudar es provechoso en la etapa de búsqueda de oportunidades y al pensar en los planes para la inversión, pero tremendamente perjudicial si, una vez tomada una decisión, se hace presente en la etapa del cumplimiento de la misma. Debemos ejecutar con la misma disciplina y tenacidad que un samurai en combate.

Orgullo

Es una herida sorda, auto infligida, que se convierte en obstáculo para desarrollar lo mejor de nosotros. Una cápsula de prejuicios e ignorancia que ingerimos sin darnos cuenta. Nunca nos ayuda y sólo nos perjudica. El orgullo en la Bolsa es ruina asegurada.

Conversaciones incorrectas

Las emociones negativas del ego, como el orgullo y la vanidad, tornan poco recomendable conversar acerca de nuestras inversiones con los Agentes de Bolsa, mandatarios, u otras personas con quienes nuestro ego pueda sentirse herido si tiene que tomar una pérdida o aceptar una equivocación.

Una conversación que *nunca* habría que mantener con el Agente de Bolsa es la siguiente:

—Quiero comprar acciones de la Compañía XXX porque, dadas las últimas noticias, creo que van a subir. ¿Qué le parece?

—En realidad ya ha subido algo, y me parece que está descontado en el precio actual —responde el Agente.

—Sin embargo, creo que todavía puede subir mucho —insiste el cliente—. Cómpreme mil acciones.

¿Por qué es incorrecta esta conversación?

Estamos pidiendo una opinión cuando ya teníamos una decisión tomada. Si la opinión del Agente nos hace cambiar de idea, no compramos y luego la acción sube, nuestro ego le echará la culpa a él o se sentirá humillado Si compramos y la acción sube, nuestro ego se inflará ante el Agente. Si compramos y la acción baja, nuestro ego se sentirá humillado porque el Agente tenía razón.

Luego, la forma correcta de dar la orden sería:

–Buen día. Por favor, ponga una orden de compra de mil acciones de la Compañía XXX.
–OK. Perfecto.
–Hasta luego y gracias.

O, mejor aún, sería operarlo en forma electrónica, sin intervención humana.

Si, en cambio, quisiéramos conocer qué opina nuestro Agente acerca de "esa tal Compañía" y sus perspectivas, lo mejor sería llamarlo para preguntarle y, luego de terminada la conversación, incorporar su opinión a todo otro elemento decisorio.

También conviene siempre diferenciar el *momento de estudio* de la inversión del *momento de operar*. El primero es el de la duda, la consulta y la evaluación de riesgos. Al finalizar esta etapa, tomamos la decisión de comprar o vender y definimos las cantidades a operar. Es la etapa de ejecución, de actuar en forma rápida, decidida, sin titubear. Y cuanto más automatizada, mejor.

Buda nos dice:

> "Uno debe liberarse del odio, debe abandonar el orgullo, debe despojarse de todas las ataduras. El sufrimiento toma al que no controla la mente, el cuerpo y sus pasiones".

VIRTUDES

Ecuanimidad

Es lo que nos permite mantenernos fríos y objetivos, al tiempo que desconectamos nuestro ego, para poder así leer el mercado con claridad.

La importancia de discernir si la tendencia es alcista o bajista hace necesario que trabajemos especialmente en nuestro interior y que nos conectemos con el *Plano Profundo y Absoluto*. Sólo de ese modo será posible sintonizarnos objetivamente con la dirección del mercado, sin que nuestra codicia, deseo o aversión –todas manifestaciones del ego– nublen nuestra visión de la tendencia.

Bondad amorosa - Metta

En sánscrito, la palabra *metta* indica el sentimiento generoso de desear que a los otros también les vaya bien. Buda dice que "en el mundo no abundan las personas que agradezcan ni beneficien a las demás".

En la Bolsa hay personas llenas de sentimientos negativos. No sólo no practican la bondad amorosa, sino que caen en la emoción opuesta: el odio. Éste los desequilibra y les impide fluir con la tendencia, al restarles claridad y lucidez. Los sumerge en su negatividad, con lo cual es muy difícil que obtengan ganancias e incrementen su patrimonio en forma perdurable.

Paciencia

"No hay ciencia sin paciencia", dice un proverbio, y el *trader* exitoso sabe esperar. Para esto, mi mejor consejo es que evite quedarse mirando la pantalla nerviosamente a la espera de que el mercado vaya a su favor. Retírese y lea un buen libro, ¡o escríbalo! Haga ejercicios, encuéntrese con sus seres queridos. Haga el bien. Medite.

La paciencia es amarga al principio, pero dulce al final. Comienza con una lágrima y termina con una sonrisa. Recuerde, cuando sienta impaciencia no haga operaciones para llenar el tiempo. Levántese de la silla y cambie de tema.

Se le atribuye al gran especulador Jesse Livermoore haber dicho: "No fue mi pensamiento el que me hizo ganar mucho, sino mi paciencia. No es común encontrar quien esté en lo correcto y pueda esperar".

Vivir en el presente

Dos monjes, Tanzan y Ekido marchaban juntos bajo una fuerte lluvia por un camino embarrado. Al llegar a un recodo, vieron a una hermosa joven que no se animaba a intentar el cruce.

—Vamos, niña —dijo Tanzan, y levantándola, la llevó en brazos a través del lodo. Ekido guardó silencio hasta la noche, cuando llegaron a un templo en donde alojarse. Entonces, ya no pudo contenerse.

—Los monjes —le indicó a Tanzan— no nos acercamos a las mujeres, sobre todo sin son jóvenes y agraciadas. Es una tentación peligrosa. ¿Por qué has hecho eso?

—Yo he dejado allá a la muchacha —repuso Tanzan—, en cambio tú todavía la traes contigo.

Este cuento ilustra la tendencia a apegarnos a hechos del pasado, evitando hacernos cargo de nuestros actos —en especial de nuestro presente—, lo cual termina siendo una excusa para adjudicar la responsabilidad de nuestras pérdidas a quienes influyeron en nuestras inversiones. Si nos encerrarnos en los hechos del pasado con remordimiento o resentimiento, sólo perderemos *ecuanimidad* para ser objetivos con el *aquí y ahora* del Mercado y de toda nuestra vida.

Sabiduría

El conocimiento del *Plano Profundo y Absoluto* hace a la sabiduría del *trader*. El *trader* budista sabe que todas las cosas son *insatisfactorias, impermanentes y carentes de identidad propia*.

Ha elegido esta profesión como medio de vida. Sabe que cumple un rol ecológico dentro del sistema bursátil, agregándole liquidez y dinamismo. Es ético, y su moral respeta las leyes y normas. Está en paz consigo mismo y con el mundo.

Buda nos recuerda:

"No deberíamos considerar los fallos de los demás, ni lo que los otros han hecho o dejado de hacer, sino nuestros propios actos cometidos u omitidos".

LA PARADOJA DEL *CONTRARIAN*

En la Bolsa, la visión *contrarian* tiene ventajas e inconvenientes. Si no está familiarizado con el término, le diré que se refiere a la persona que basa su estrategia de inversión en la premisa de que la opinión mayoritaria del público suele estar equivocada. Por ejemplo, si todos son alcistas y creen que la Bolsa va a subir, probablemente los precios ya hayan absorbido esa opinión mayoritaria y estén en sus máximos y, por lo tanto, próximos a caer. Cuando todos los diarios, los noticieros y el público en general están excitados con la perspectiva de ganar al alza, el *contrarian,* en vez de jugar al alza jugará a la baja, en la convicción de que la masa siempre se equivoca, y muy especialmente en los extremos de la tendencia. Las ventajas residen en la posibilidad de avizorar desarrollos de los mercados que se encuentran fuera de la perspectiva de la mayoría de los participantes, quienes, en general, siguen la creencia más cómoda y complaciente.

Es muy difícil ser *contrarian* y dominar al ego al mismo tiempo, porque, por definición, el *contrarian* debe afirmarse en su individualidad para no dejarse llevar por la opinión de la mayoría y, llegado el momento, actuar al contrario que ésta. Y lo digo con conocimiento de causa, porque soy un *contrarian* de alma, y no sólo en la Bolsa.

El ego suele jugarle malas pasadas al *contrarian,* porque la incomodidad de oponerse a la opinión mayoritaria sólo puede ser tolerada reafirmándolo en su identidad, lo cual lleva a fortalecer al ego y su impulso por conducirnos al error.

Si bien tengo mucha simpatía por el pensamiento *contrarian*, trato de utilizarlo con cuidado. Viene a cuento la afirmación de George Soros, cuando dice : "La historia de la economía es una serie sin fin de episodios basados en falsedades y mentiras, no en verdades. Representa el camino para las grandes ganancias. *El objetivo es reconocer la tendencia cuya premisa es falsa, cabalgar esa tendencia y bajarse antes de que sea desacreditada".*

Muchas veces los *contrarians* citan mal esta frase de Soros como "encontrar la tendencia cuya premisa sea falsa y apostarle en contra" pues les encanta aquello de apostar en contra, pero se olvidan de "cabalgarla a favor" que es donde se obtienen las grandes ganancias.

Los *contrarians* tienen una especial habilidad en descubrir las falsas premisas, pero suelen fallar en las apuestas, pues se equivocan en el *timing*. Es muy difícil y contra-intuitivo apostar a favor de algo que se cree sin fundamentos.

Ser un *contrarian* de pensamiento, pero un seguidor de tendencia en la acción: ¡ese es el secreto!

SI SE ES UN BUEN SEGUIDOR DE TENDENCIA, ¿PARA QUÉ SER *CONTRARIAN*?

Para ser un *contrarian* eficaz se debe jugar en contra en los extremos de la tendencia —esto es, comprar cuando el pesimismo general es extremo y los precios han bajado mucho, acercándose o traspasando pisos anteriores—, y vender cuando el optimismo general sea tal que hayan alcanzado o sobrepasado máximos anteriores.

En medio de ambos extremos, la opinión general puede estar fuertemente sesgada, re-alimentando la tendencia y generando una inercia tal que hace imposible determinar por anticipado su punto de inflexión.

Es en este tramo de la tendencia donde el *contrarian* debe mantenerse al margen. Llamo a este tramo el *cementerio de los contrarians*, porque es allí donde éstos suelen apostar a pisos que luego siguen bajando, o a techos que terminan siendo pisos de nuevos techos. Hay una frase que dice: "nunca trates de agarrar un puñal en caída libre". Muchos *contrarians* cometen este error, por impaciencia en los pánicos bursátiles, y terminan lastimados por comprar muy arriba de los pisos de la tendencia.

En la práctica, los *contrarians* suelen ser fundamentalistas, con criterio propio acerca de la valuación del mercado, de cuándo está sobrevaluado y de cuándo está barato.

Para ser un *contrarian* exitoso se debe tener una postura respecto a la tendencia. O está subiendo, o bajando, o indefinida hacia el costado (*sideways*). Y ahí está la paradoja, pues si uno tiene habilidad y experiencia para analizar y determinar la tendencia, tiene en sus manos el *diario del lunes* y bien puede invertir, apalancarse y especular con excelentes resultados, en cuyo caso no necesita esperar los extremos de la tendencia para ganar. Más aún, ¿para qué arriesgarse en encontrar tales extremos si uno es tan buen analista de tendencias como para *cabalgarla* con gran provecho?

La paradoja sería la siguiente: para ser un *contrarian* exitoso se debe ser un excelente seguidor de tendencia, y si se es un excelente seguidor de tendencia, ¿para qué ser *contrarian*?

Lo que distingue al pensamiento *contrarian* es que el ego, al querer reafirmarse en una certeza, la busca en el pensamiento de la mayoría a la cual quiere oponerse; y eso lo reafirma en su existencia.

El seguidor de tendencia, en cambio, debe subordinar su ego a los vaivenes del mercado. Debe seguir a la tendencia como las ovejas al pastor. Y cuando el perro del pastor les da un mordisco, deben agachar la cabeza e ir en esa dirección. Si se apartaran del rebaño lograrían la tan ansiada libertad, pero quedarían a merced de los lobos.

Esto le exige al seguidor de tendencia ser humilde ante el mercado, y no lo contradice, porque lo respeta.

Hay un dicho que pregunta: "qué quieres en la vida, ¿tener razón o ser feliz?" El *contrarian* quiere tener razón, el seguidor de tendencia quiere ser feliz.

El *contrarian* es orgulloso, porque está dominado por su ego.

Dijo Jesse Livermoore:

> "Un mercado alcista no termina en una gran llamarada de gloria".

Yo agrego: ni los mercados bajistas despiertan de su letargo con un llamado de trompetas.

Los cambios de tendencia van dándose gradualmente. La *meditación* nos permite *ver* nuestras emociones, y la atención vigilarlas en el fragor de la rueda bursátil. Así podremos estar lúcidos, dominar nuestro ego y ser pacientes y disciplinados para poder fluir con el Mercado, así como en la vida.

> Un moderno Buda diría: "Ante las alzas y las bajas, las ganancias y las pérdidas, mantén la bendita ecuanimidad".

Capítulo 23
Buscando a Bertrand Russell

Sobre la preparación para la muerte

> *"La vida entera es como un relámpago en el cielo; se precipita a su fin como un torrente por una montaña empinada".*
>
> Buda

Cuando tenía dieciocho años hice el primer viaje a Europa y llegué a mi añorada Inglaterra. Era un joven intelectual que había pasado por varios movimientos izquierdistas sin comprometerme con ninguno, y desconfiando de todos. Pero había encontrado un padre espiritual, alguien que se había convertido en mi modelo y ejemplo admirado. Sus escritos, especialmente sus ensayos, habían significado para mí una fuente de descubrimientos y respuestas. Se trataba del filósofo, matemático y libre pensador Bertrand Russell (1872-1970).

Había conseguido su dirección en Londres y estaba decidido a visitarlo. Siempre fui muy tímido, y sufría de solo pensar en un encuentro con alguien tan importante para mí. Durante dos días estuve caminando por las cercanías de aquella típica casita de ladrillos del barrio de Chelsea, donde vivía Russell, pasando disimuladamente por delante de su puerta.

Yo quería preguntar por el gran hombre, hablar con él, decirle lo que sus escritos y, más aún, su propia vida, habían producido en mí. Pero no me animaba; la vergüenza se apoderaba de mí, haciéndome sentir inseguro en mi timidez.

Finalmente, y luego de dos días de sufrido merodear, tomé coraje. Subí los peldaños grises y toqué el timbre. Ante mi sorpresa, me atendió un joven de unos veinticinco años

—Me llamo Oscar Berg —dije—. Vengo de Argentina y quisiera hablar unas palabras con el señor Russell.

—Pero el señor Russell no se encuentra aquí; está en su casa de Gales —me contestó el joven con amabilidad y simpatía.

Quedé desconcertado y aturdido. Nunca, en mi dubitativo ir y venir de esos días, había considerado que mi anfitrión pudiera no estar viviendo ahí. El joven amablemente me dio la dirección de Gales y yo me fui confundido. Pero no me dirigí hacia allí, ya que mis nervios se habían agotado en los preámbulos y ya no tenía más energía.

Un mes después, continuando mi viaje solitario, crucé el muro de Berlín en un ómnibus que conectaba el aeropuerto de Berlín Occidental con Berlín Oriental. Mi destino era Praga, pero mi vuelo salía de Berlín Oriental. La experiencia de cruzar la cortina fue desagradable y tensa; los *Vopos* —policías comunistas— revisaron mi valija haciendo preguntas. Después de todo, ¿qué hacía un joven argentino de dieciocho años en Berlín? ¿Para qué quería ir a Praga?

Finalmente, llegué al aeropuerto, y mientras esperaba la salida del vuelo compré el *Herald Tribune*. En primera plana había una foto y una noticia. El día anterior, en Gales, a los noventa y siete años, había muerto Bertrand Russell.

Fue un momento bisagra que pudo haber cambiado mi vida. Muchas veces vuelvo con mi imaginación al momento del reencuentro con ese *algo* que, lejos de perderse u olvidarse, está latente en mí. Así es que retorno a enero de 1970 en el Londres de los Beatles tardíos. Desciendo los grises peldaños de la casa de Russell, voy a mi hotel y recojo mis cosas. Me dirijo a Victoria Station a tomar un tren que va a Gales, hacia mi destino...

Russell y la muerte

Este es uno de los párrafos memorables de Russell. Encuentro en él una resonancia de Buda y es de gran belleza, y por eso lo traslado a este libro.

"Algunos ancianos se sienten oprimidos por el miedo a la muerte. En los jóvenes, este temor está justificado. Los jóvenes que se ven ante la posibilidad de morir en un campo de batalla, tienen motivo para decirse que les han robado lo mejor que la vida puede ofrecerles. Pero en el viejo, que ha conocido las alegrías y las penas humanas y ha realizado el trabajo que estuvo en sus manos realizar, el miedo a la muerte tiene algo de abyecto e innoble; el mejor modo de superarlo, por lo menos así me parece a mí, es hacer que nuestros intereses sean cada vez más impersonales, hasta que, poco a poco, las paredes del yo se retiren y nuestra vida se funda con la vida universal. Una existencia humana individual debe ser como un río: pequeño al principio, estrecho entre sus orillas, en marcha impetuosa entre rocas y sobre cascadas; gradualmente el río se ensancha, las orillas retroceden, las aguas se aquietan y, finalmente, sin solución de continuidad aparente, se funden con el mar y pierden sin dolor su individualidad. El hombre que puede ver la vida de este modo en su ancianidad, no sufrirá con el miedo a la muerte, pues continuarán las cosas que le interesan y si, con la declinación de la vitalidad, aumenta el cansancio, la idea del descanso no será mal acogida. El sabio debe desear que le llegue la muerte todavía en la faena, sabiendo que otros continuarán lo que él ya no puede hacer, contento con la idea de que lo que fue posible hacer, ha sido hecho".

La lectura de ese párrafo siempre me produce una gran tranquilidad. Transmite un goce conmovedor en la ecuanimidad y el desapego.

HACER, SER O ESTAR

En las grandes tradiciones de Oriente y Occidente se puede notar una diferencia en el énfasis que cada civilización ha puesto en el *ser* y en el *hacer*.

Especialmente en los últimos siglos, Occidente ha sido el lugar donde el *hacer* ha tomado el lugar predominante. Desde la revolución industrial en adelante, han ocurrido fenómenos extremos del *hacer*, mientras en Oriente existe una tradición que valoriza el *ser*.

Así es como relacionamos el trabajo espiritual interior más con Oriente y las tradiciones hinduistas, budistas, sufíes y otras.

Pero entre este *ser* Oriental y el *hacer* Occidental, surge una tercera posibilidad presente en los indígenas americanos y el chamanismo: es el *estar*.

En esta tercera posibilidad, el hombre *está* en la naturaleza y en su medio, conectado con ellos sin caer en los extremos del *hacer* industrial y tecnológico, pero sin alejarse de ellos introspectivamente, como en el Orientalismo.

En 1845, Henry Thoreau se retiró a vivir en una sencilla cabaña construida por él mismo en el bosque en Concord, Massachussets, donde permaneció dos años y medio.

Sobre esto escribió en su libro *"Walden, La vida en los bosques"*:

> "Fui a los bosques porque deseaba vivir, deliberadamente, enfrentándome solamente a los hechos esenciales de la vida, para comprobar si no había podido aprender todo lo que ella tenía para enseñarme; no fuera que cuando estuviera por morir descubriera que no había vivido".

A medida que pasan los años, he sentido dentro de mí un creciente llamado de la naturaleza. Una necesidad de *estar ahí*.

Pero ese *estar* es también un *estar* sin modificar, cuidando que ni mis pasos ni mis actos perturben el hábitat, y para dejar todo lo que me rodea en su lugar.

Como si mi presencia fuera ligera e invisible. Sin mucho *hacer* y sin mucho mirar dentro... Simplemente, *estar*.

LOS MOVIMIENTOS DE UN BAILE

> *"Como un día bien empleado procura un dulce sueño, así una vida bien utilizada conduce a una dulce muerte".*
> Leonardo da Vinci

Se ha dicho que el Budismo es el camino espiritual que mejor enseña a prepararse para la muerte. Aunque es un tema que no nos gusta tocar, en algún momento sentimos la conciencia de lo inevitable.

Salvo que hayamos tenido una experiencia directa, es normal que vivamos como si ella no existiera; o si, por lejana, no fuera importante. Pero la preparación para la muerte es tan necesaria como aprender a ser feliz.

Ninguno de estos conocimientos nos es dado por el solo hecho de nacer, sino que, al contrario, hay algo en nuestra forma de vivir que nos aleja de estas verdades.

Buda empleó esta parábola para demostrar el peligro de obsesionarse con la especulación abstracta y no atender a la urgencia de nuestro propio sufrimiento aquí y ahora.

> "Imagínate a alguien que acaba de recibir un flechazo, y que yace ahí mortalmente herido, sintiendo que los últimos momentos de su vida se le escapan. Viene un cirujano, y él le dice: –Antes de extraerme la flecha, ¿me podrías decir a qué clan pertenece la persona que la disparó? ¿Podrías averiguar si quien lo hizo era de estatura alta o baja? ¿Te importaría

investigar, si el hombre era blanco, moreno o negro, y su profesión? ¿Era un artesano o un académico? ¿Y qué clase de flecha es ésta? ¿Y las plumas del extremo, son de ganso, de águila o de buitre?...

Si la persona a la que le dispararon buscara las respuestas a todas esas preguntas, definitivamente, estaría muerta antes de encontrarlas".

Dice Buda:

"Esta existencia nuestra es tan pasajera como las nubes de otoño. Observar el nacimiento y la muerte de los seres, es como contemplar los movimientos de un baile".

Cada día, al finalizar nuestra jornada, deberíamos meditar sobre esta pregunta: ¿Estoy utilizando bien mi vida?

Un maestro Zen, todas las noches, al irse a dormir, daba vuelta un vaso vacío que tenía junto a su lecho dejándolo boca abajo. Por las mañanas volvía a darlo vuelta colocándolo boca arriba. Así, cada noche agradecía el día que había vivido y cada mañana agradecía poder vivir un nuevo día.

Capítulo 24
El más allá

Nirvana. Renacimiento. El buen morir

"Aprende a vivir y sabrás morir bien".
Confucio

Hasta aquí no he tocado dos temas que son importantes para los budistas: el *nirvana* y el *renacimiento*.

Como dije en el prefacio, no soy un erudito y eso me exime de profundizar en terrenos donde no me siento seguro o que yo mismo estoy explorando en este momento. Sin embargo, quisiera hacer un breve comentario sobre ellos.

Nirvana

El *Nirvana* es una palabra que literalmente se traduce como *extinción,* en el mismo sentido en el que una llama se apaga por falta de combustible, o una vela al ser soplada.

Yo lo entiendo por el estado espiritual al que se llega cuando uno logra extinguir los deseos mundanos, como la codicia; se apaga el fuego de la sensualidad; cesa el apego por aferrarse a las cosas, e incluso a la vida. El ego se suprime y cesa el sufrimiento.

La Paz finalmente ha llegado y reina en nuestro interior. Dejamos de vivir en el *Plano Mundano y Relativo*. En el Nirvana sólo existe el *Plano Profundo y Absoluto*. El Nirvana está aquí y ahora; no es un Paraíso al que vamos después de morir.

Una historia cuenta que un hombre se acercó al Maestro para hacerle una pregunta.
—¿Cómo tengo que hacer para llegar al Nirvana después de morir?
—¿Pero por qué quieres esperar hasta tu muerte para obtener el Nirvana? —le respondió el Maestro.
—Bueno... tengo una vida por vivir, familia, hijos, negocios; no puedo ni quiero perder esto, pero quisiera llegar al Nirvana cuando mi vida termine —manifestó el hombre.
—Hijo, tú no has entendido nada —fue la respuesta del Maestro.

REENCARNACIÓN

Buda nunca habla de *reencarnación*; habla de *renacimiento*. Según quién sea el practicante, se habla más o menos de este tema.

En un extremo, el Budismo Tibetano lo toma en gran consideración: incluso es muy conocido y central el *Bardo Todol,* o Libro Tibetano de los Muertos.

Pero, en esta cuestión, prefiero hacer mías las palabras del Maestro Zen al que le preguntaron qué opinaba del renacimiento y contestó: —Vuelve a preguntarme cuando esté muerto.

A mí me tranquiliza saber que al morir volveré a la misma Nada de la que surgí —y de la que no pedí salir—, y a la que volveré sin tampoco pedirlo.

No fui dueño de mi nacer y no lo seré de mi morir. Si hay algo de mí que pueda renacer, eso será consecuencia de mis acciones, de mi Karma. Me siento abrigado, cómodo y tranquilo con estas ideas.

Las Cinco Contemplaciones nos recuerdan que:
- Estoy sujeto al envejecimiento: envejecer es inevitable.
- Estoy sujeto a enfermar: enfermar es inevitable.
- Estoy sujeto a morir: morir es inevitable.
- Al crecer, he de separarme de todo lo que me atrae, incluso de mis seres queridos.
- Soy dueño de mis acciones y heredero de mis acciones. Mi *Karma* me acompañará cuando muera.

Capítulo 25
El camino

Abandonar la balsa. Los ríos de la vida

Buda dice que "si un hombre se sentara junto a un río viendo pasar las burbujas del agua y las examinara cuidadosamente, luego de un tiempo le parecerían vacías, insustanciales e irreales. De la misma manera, el hombre debe observar su mente, sus percepciones, sus sentimientos y los fenómenos externos pasados o presentes, cercanos o lejanos. Y luego de un tiempo de observarlos y examinarlos, los verá como son: huecos, vacíos y sin identidad".

Estoy convencido de que el empresario en sintonía con las enseñanzas de Buda encontrará un sentido a su vida, será más feliz, no agregará sufrimiento al mundo y tomará decisiones más sabias para ellos, para quienes los rodean y para el planeta.

Un día Buda se encontró con un asceta que meditaba junto a un río desde hacía veinte años, alejado de todo contacto mundano. Cuando Buda le preguntó acerca del propósito de su sacrificio, el hombre le contestó con orgullo: —"Ahora podré cruzar el río caminando sobre el agua". A lo cual Buda respondió: —"En verdad parece muy caro el precio que pagaste. El barquero te hubiera cruzado en su balsa por sólo un centavo".

La reflexión de esta historia es si no estamos pagando años de nuestra vida por algo que podríamos conseguir por mucho menos, y mucho antes. Nunca los empresarios han tenido tanta riqueza y *Poder* —político y económico—, como ahora.

A lo largo de la historia, el tope de la pirámide del *Poder* estuvo alternadamente ocupado por guerreros, conquistadores, reyes y tiranos. Sin embargo, los hombres de negocios, comercio y finanzas han tomado hoy ese lugar.

El fin del comunismo soviético y la apertura de China, representan el mayor traspaso de empresas estatales a manos privadas de toda la historia, y cientos de miles de ellas han surgido de los ex-bloques soviéticos y comunista-asiático en pocos años.

En Occidente, mientras tanto, ha seguido prosperando el sector empresario de negocios, como consecuencia de la globalización y crecimiento del comercio global.

Los mercados bursátiles de todo el mundo se han desarrollado con tecnología electrónica y han aumentado su penetración en una forma antes impensable.

No obstante, ese nuevo y creciente *Poder* viene acompañado de mayor estrés, desorientación y sufrimiento enmascarado. Lejana está la comprensión de la *Verdadera Naturaleza de las Cosas*: que son *insatisfactorias, impermanentes y sin identidad propia*.

Buda cuenta la historia de una persona que, como debía cruzar un río, decide construir una balsa.

> "Cuando llega al otro lado, carga la balsa al hombro y continúa caminando, aunque con creciente dificultad por el peso. La balsa era sólo para cruzar el río, y no volvería a necesitarla. En la vida —dice Buda—, debemos liberarnos de las cosas que han cumplido su cometido, pues el apego sólo nos causará sufrimiento".

Este libro sólo pretende ser como la balsa de la historia de Buda.
Si le sirvió para cruzar un río, déjelo del otro lado.
Y continúe su búsqueda...

FIN

Glosario general

Glosario de palabras en inglés

Apartheid: sistema de segregación racial impuesto por el gobierno blanco de Sudáfrica.

Best practices: conjunto de normas para el gobierno transparente y ético de una empresa.

Burn-out: *surmenage*, agotamiento mental y físico.

Commodities: materias primas.

Crash: fuerte caída de precios.

Due diligence: investigación exhaustiva del estado de un negocio o empresa.

Entrepreneur: emprendedor de nuevos negocios.

Entrepreneurship: capacidad de emprender nuevos negocios.

Fund Management: administración de fondos de inversión.

Fund managers: Administradores de Fondos.

Hedge Fund: Fondos de Cobertura, generalmente apalancados con deuda.

Mindfullness: atención plena, atención vigilante.

Rat Race: febril competitividad de la vida moderna.

Retail: comercio minorista.

Stop-loss: límite máximo de pérdida.

Track record: antecedentes de buenos o malos resultados en las inversiones.

Trader: inversor bursátil profesional. *Habitualista.*

Venture capitalist: inversor de Capital de Riesgo.

Watch your ego: vigile a su ego.

Wherever you go, there you are: donde sea que vayas, ahí estás.

Workshop: taller de trabajo.

World Economic Forum: Foro Económico Mundial de Davos.

Glosario de términos (sánscrito, japonés)

Anapana: respiración - en sánscrito.

Anata: no-yo, sin identidad - en sánscrito.

Anitya: *impermanente*, transitorio - en sánscrito.

Asanas: posturas o asanas - en sánscrito.

Ashram de Sivananda: en sánscrito: casa de retiro espiritual de la organización de Yoga

fundada por el Maestro Sivananda.

Ayurvédicas: el ayurveda es la medicina tradicional de la India.

Buda: el Despierto el Iluminado - en sánscrito.

Darma: enseñanzas de Buda. En sánscrito.

Dukka: sufrimiento, insatisfactorio - en sánscrito.

Dyana: absorción en la meditación - en sánscrito.

Hara: abdomen - en japonés.

Hara-kiri : hara, abdomen (kiri: cortar): cortar el abdomen - en japonés.

Karma: acción - en sánscrito.

Karuna: compasión - en sánscrito.

Mantras: palabras o frases que se repiten como apoyo a la meditación.

Metta: amor benevolente - en sánscrito.

Samsara: ciclo de sufrimiento - en sánscrito.

Siddarta: nombre del Buda histórico.

Vipassana: visión clara, visión penetrante: técnica de meditación.

Agradecimientos

A la memoria de Bertrand Russell y Ajahn Chah.

A mis maestros de meditación S.N. Goenka, Arthur Nichols, Fernando Álvarez de Torrijos, Clara Badino, Jorge Bustamante Roshi.

A los grandes Maestros: Jon Kabat-Zinn, Steve Hagen, Joseph Goldstein, Ram Dass, Jack Kornfield.

A mi amigo, hermano y maestro Sufi Happy Sulistiawan; un ser sin ego, quien me enseñó lo que significa "abrir el corazón" al hacerlo con el suyo propio hacia mí.

A quienes me alentaron durante los vaivenes de la escritura: a mi esposa e hijos, Julián Mellicovsky, Javier Boustani, Pablo Solvey, Lloyd Nimetz, Gabriela Vigo.

A Hilda Elina Lucci, por su gran profesionalismo y entusiasmo en la tarea.

Índice